KB175315

8년 차 면접관이 알려주는

방송사
언론인 지망생이 알아야 할
101가지

8년 차 면접관이 알려주는

방송사
언론인 지망생이 알아야 할
101가지

윤경민

TaLK SHOW

프롤로그

세상의 수만 가지 직업 중에 왜 하필 나는 언론인을 택했을까? 교사 자격증이 있으니 학교 선생님이 될 수도 있었을 텐데 말이다. 솔직히 말해 기자가 되기 전에는 사실 명확한 목표 의식이 없었다. 내 앞날이 불투명했지만 막연하게 직장 생활을 하겠지, 정도였다. 한 가지 희망이 있었다면 외국에 파견돼 주재원으로 일해보는 것이었다. 그래서 무역 관련 업무를 하고 싶다는 생각 정도였던 것 같다. 그런데 엉뚱하게도 나는 기자가 되었다.

졸업을 한 학기 이상 남겨놓았지만 뚜렷한 목표도 없었던 때, 언론고시 준비를 함께하자는 후배의 권유에 귀가 솔깃했다. 평소 신문을 열독하거나 TV 뉴스를 매일같이 챙겨보지 않던 나였지만 내 머릿속에 떠오른 기자라는 직업은 왠지 날카롭고, 스마트하면서 매력적인 이미지였다. 신문에 이름을 내는 기자도 멋있어 보였지만 TV에 마이크를 들고 얼굴을 비추는 방송기자가 더 선망의 대상이었다. 그래서 주저 없이 도전에 나섰다.

정말 운이 좋았다. 도전한 지 6개월여 만에 언론고시 시즌이 시작되었는데, 네 군데 응시한 결과 한 곳인 YTN에 덜커덕 붙어버린 것이었다. 이후 떨어진 것으로 알았던 S 방송으로부터 면접을 보러 오라는 통보를 받기도 했지만 이미 YTN에 입사가 결정된 이후였기에 면접에 응하지 않았다. 내가 운 좋게 YTN에 합격할 수 있었던 것은 당시 신입 기자를 50명이나 뽑았기 때문이었다. 당시 YTN은 케이블 TV 공식 출범(1995년 3월 1일 개국)을 앞두고 뉴스 제작을 위한 기자를 대거 필요로 했다. 1994년 7~8월 서류에서 필기시험, 카메라 테스트, 면접까지의 전형을 마치고 최종 합격했고, 9월 9일 정식 입사함으로써 대학 2학기 수업을 다니지 않은 채 졸업하는 행운을 얻기도 했다. 다시 한번 강조하지만 내가 기자가 된 것은 정말이지 '운칠기삼'이었다.

2011년 9월 채널A 개국을 앞두고 회사를 옮긴 나는 이후 수년간, 그리고 2017년 CJ헬로(현 LG헬로비전)로 옮긴 직후에도 신입 기자와 경력 기자, 아나운서 응시생의 서류 전형, 논술 채점, 면접 평가 등을 거치면서 깨달았다. 1994년 나에게 주어진 행운은 '운칠기삼'이 아니라 '운구기일'이었다는 걸.

채점자로서, 면접관으로서, 그 쟁쟁한 스펙과 언변, 외모, 외국어 능력 등을 장착한 응시생들, 아까운 인재들을 떨어뜨려야 하는 상황이 너무나도 안타까웠다. 그런데 채점과 면접을 하다 보니 합격자와 불합격자의 차이점이 보이기 시작했다. 물론 그 차이라는 게 종이 한 장 차이일 수도 있다. 또한 탈락한 사람이 반드시 탈락할 이유가 있었다고 말하기도 어렵다. 그럼에도 25년 넘는 방송기자 생활과 8년간의 면접관 경험을 토대로 그 차이를 분석하고자 한다. 미리 말해두지만, 이것은 전적으로 내 개인적 경험에 따른 것이므로 일반화하기는 어렵다. 채점자나 면접관마다 평가 스타일이 다르기 때문이다. 물론 오류 수정을 위해 일선 아나운서와 기자, 카메라기자, PD, 인사담당자, 방송사 간부, 아나운서 준비생 등을 대상으로 인터뷰를 했으며 그들의 의견을 반영했음을 밝혀둔다. 물론 그렇다고 해도 이 책에 담는 내용이 100퍼센트 진리라고 할 수는 없을 것이다. 아무튼 미력이나마 기자 지망생, PD 지망생, 아나운서 지망생 등 언론고시 준비생들을 위한 꿀팁을 정리하니 도움이 됐으면 하는 바람이다.

덧붙여서 어렵게 관문을 뚫고 기자, 아나운서, PD가 된 초보 언론인들을 위한 취재 요령, 인터뷰 요령, 기사 작성 요령 등도 후반부에 간단하게 정리하고자 한다.

자, 그럼 지금부터 찬찬히 살펴보자.

차례

7. 언시생들이 궁금해하는 스물일곱 가지 질문

8. 아나운서 지망생들이 자주 하는 질문

9. 필기시험의 성패는 글쓰기

10. 2019년 언론사 논술 · 작문 기출문제 유형 분석

11. 맞춤법의 고통에서 벗어나자

1

서류, 필기 통과했는데
면접에서
자꾸 떨어지는 이유

"또 최종 면접에서 떨어졌어요."

수백 대 1, 수천 대 1. 그 어렵다는 언론사 입사시험 서류 전형과 필기에 붙고도 꼭 면접 때 떨어진다는 푸념을 늘어놓는 이들이 적지 않다. 왜일까?

결론부터 말하면 면접관에게 특별히 눈에 띌 만큼의 좋은 인상을 심어주지 못했기 때문이다. 응시생이 면접관에게 자신을 어필할 수 있는 시간은 보통 10분에서 20분간. 이 시간 안에 면접관의 마음을 사로잡지 못한다면 승산이 없다. 서류 전형과 필기시험을 통과했다면 면접 응시생들은 비슷한 조건을 갖추고 있다고 봐야 한다. 그들 중에서 살아남으려면 다른 응시생들과 달리 당신이 꼭 뽑혀야 하는 이유를 보여줘야 하는 것이다. 어느 응시생이 면접관에게 나쁜 인상을 심어주려고 하겠나?

모두 좋은 인상을 주려고 노력하겠지만 비교 대상이 있다는 게 문제다. 응시생이 10명이든 100명이든 종이 한 장 차이에 불과하겠지만 당락의 운명은 면접관들의 평가에 달려있기 때문에 선의의 경쟁에서 이기고 살아남으려면 면접관 마음에 들어야 한다.

어떻게 마음에 드느냐보다 어떻게 하면 면접관의 마음에 들지 못하는가를 먼저 알아보자. 면접에서 떨어지는 이들의 몇 가지 유형을 보면 다음과 같다.

001
말을 버벅대거나 논리적으로 하지 못할 때

면접관이 질문을 했을 때 말을 조리 있게, 논리정연하게 하지 못하는 사람은 백이면 백 떨어진다. 말을 잘 못한다는 것은 생각이 정리되지 않았다는 것과 마찬가지이기 때문이다. 말을 잘 못한다는 것은 소통 역량이 부족하다는 뜻이기도 하다. 아나운서, 기자, 특히 방송기자를 뽑는 면접관이라면 말을 못 하는 응시생을 뽑을 이유가 없다. 아나운서, 방송기자는 기본적으로 말로 프로그램을 이끌어가고 말로 기사를 전달하는 직업이기 때문이다.

그렇다면 '말을 잘 못한다'의 정의는 무엇일까?

첫 번째, 뜸을 들이는 스타일, 면접관이 질문했을 때 곧바로 대답하지 않고 한참 생각하다가 말문을 연다거나 말을 하다가도 막혀서 말을 잇지 못하거나 말을 더듬거나 하면 점수가 깎인다.

두 번째, 앞뒤 논리가 안 맞는 화법이다. 무상 급식은 포퓰리즘이며 부유층 자녀에게까지 무상 급식을 지원하는 것은 세금 낭비라는 의견을 피력했다가 무상 교복은 모든 학생에게 지원되어야 한다는 식의 일관되지 않은 논리를 예로 들 수 있겠다.

002
겸손하지 못하고 잘난 척할 때

면접관은 잘난 사람을 뽑기 마련이지만 잘난 체하는 사람은 뽑아주지 않는다. 자신감 있는 화법과 잘난 척하는 화법은 엄연히 다르다. 자신의 장점과 특기를 잘 설명하고 부각해야 마땅하지만, 그것이 지나치게 잘난 척하는 것처럼 들리게 말해선 안 된다. 다시 말해 겸손함이 느껴져야 한다는 것이다.

예를 들어 그룹 면접의 경우

"저는 어렸을 때부터 1등을 놓치지 않았습니다. 일류 대학을 나온 부모님의 영향을 받아 저도 늘 일류 대학을 목표로 공부했고 실제로 최고의 명문대에 입학했습니다. 일류 언론사에 합격할 자격이 충분히 있다고 생각합니다."라고 말했다고 하자. 당신이 면접관이라면 어떤 점수를 주겠는가? 그것이 사실이라고 해도 말하는 기술을 갖지 못했다.

이렇게 말하면 어떨까?

"저는 어렸을 때부터 호기심이 많았습니다. 책 읽기를 좋아했고요. 아마 늘 책을 가까이하신 부모님의 영향을 받았는지, 학교 공부도 흥미를 느끼고 나름 열심히 했습니다. 그러다 보니 좋은 성적을 받았던 것 같고요. 열심히 노력한 끝에 운도 뒤따

랐고 덕분에 원하는 대학에 들어갈 수 있었습니다. 그리고 거기서 많은 걸 배울 수 있었습니다. 합격시켜 주신다면 이 언론사에서 제 꿈을 펼쳐보고 싶습니다."

하고자 하는 말의 내용은 비슷하지만 '아' 다르고 '어' 다름이 느껴지지 않는가?

003

나는 보수요, 진보요, 우파요, 좌파요…
정치적 편향성을 보일 때

"당신은 좌파입니까? 우파입니까?"라고 묻는 면접관은 없을 것이다. 정치적 사상을 검증하는 질문이 될 테니까.

언론사에 따라 특정한 정치 성향, 논조를 가진 경우가 있다. 그런 매체에서 반대 성향을 가진 응시생을 뽑을 리 만무하다. 그렇다고 해당 매체의 성향에 맞게 답한다고 뽑힌다는 보장도 없지만…. 일부러 자신의 정치 성향을 감추고 반대로 말하는 것은 매우 위험하다. 그렇게 했다가 합격이라도 할 경우엔 비참해진다. 정치 성향과 맞지 않는 논조가 강한 언론사를 다니는 것은 불행을 초래하기 때문이다.

특별히 정치 성향을 갖지 않는 언론사라면, 정치적으로 편향되지 않은 사람을 뽑으려고 하는 것이 보통이다. 언론은 공정성, 중립성을 중시하기 때문이다. 그래서 면접 과정에서 특정 정당을 지지하거나 특정 이념, 특정 성향에 대한 선호도를 나타내는 경우는 면접에서 걸러지는 경우가 많다. 자신이 특정 정치 성향을 강하게 갖고 있다고 생각한다면 그 성향에 맞는 언론사 시험만 보는 게 맞다.

004

무조건 붙으려는 듯 뻔한 거짓말이 보일 때

면접관 질문에 솔직하게 답변해야 진정성이 보인다. 합격하기 위해서 보이는 거짓을 늘어놓는 사람은 떨어지기 십상이다.

"가장 감명 깊게 읽은 책이 뭔가요?"라는 질문에 꼭 있어 보이는 고전을 이야기할 필요는 없다. 최근 읽은 수필도 좋고 심지어 어렸을 때 읽었던 동화책도 좋다. 그 내용과 이유를 잘 설명할 수 있다면 말이다. 그런데 제대로 읽지도 않은 책, 혹은 기억이 잘 나지 않는 책을 이야기했다가는 낭패를 겪을 수 있다. 면접관이 후속 질문으로 디테일한 내용을 물을 수가 있는데 답을 제대로 하지 못하면 "이 사람, 제대로 읽지도 않았구먼" 하고 생각하기 십상이기 때문이다.

실제로 1994년 필자가 지원자로 참여했던 그룹 면접에서 한 면접관이 가장 인상 깊게 읽은 책이 무엇이냐고 물었다. 한 응시생은 "도스토옙스키의 『카라마조프가의 형제들』입니다."라고 답했다. 그러자 면접관이 물었다. "카라마조프가의 형제들 중 누가 가장 마음에 듭니까?" 응시생의 표정이 갑자기 어두워졌다. 몇 초 동안 침묵이 흘렀다. "죄송합니다. 읽은 지가 하도 오래돼서 기억이 잘 나지 않습니다." 그 응시생은 합격하지 못했다. 물론 그것이 탈락 요인으로 작용했는지는 알 수 없다.

어려운 질문을 받았을 때는 솔직히 답하는 게 좋다.

"솔직히 그런 질문이 나오리라고는 생각조차 못 했습니다. 답변을 준비하지 못했습니다." 이렇게 답하는 것이 모르는데도 아는 척하다가 답변이 꼬이는 것보다는 훨씬 낫다.

한 조선일보 기자가 입사 전 거친 면접에서는 이런 질문이 나왔다고 한다.

"조선일보에 악당이 있다고 생각하는가? 있다면 누구인지 말해 보게."

당시 지원자는 순간 머릿속에 수만 가지의 생각이 스치고 지나갔다고 회고했다. '있다고 말할까? 없다고 말할까? 아니면 두루뭉술하게 답변을 피할까?' 그러다 결국 거짓말은 노련한 면접관들에게 탄로 나게 마련이라고 판단하고 정직한 답변을 했다고 밝혔다. 조선일보 내 악당으로 두 사람을 지목했는데, 그중 한 명이 면접관이었다는 것이다. 악당으로 지목된 그 면접관은 해당 지원자를 한동안 노려보더니 껄껄 웃었다는 것이다.

이번에는 또 다른 조선일보 기자가 밝힌 다른 응시생의 이야기다. "조선일보에 대해서 평소 어떤 생각을 갖고 있는지에 대해 말해 보게."라고 면접관이 물었다. 그러자 응시생이 "저는 10년 넘게 조선일보 독자였고, 아무것도 모르는 사람들이 목소리만 진보를 외치는 것에 대해서는 반대한다."라는 식으로 대답했다. 대답을 들은 면접관은 "왜 젊은 사람이 자신의 소신을 당당하게 말하지 못하느냐"라고 나무랐다고 한다.

이런 에피소드를 전한 조선일보 기자는 면접관의 마음에 들게 답하기보다는 솔직하고 당당하게 소신을 밝히고, 논리적으로 그 이유를 설명해야 한다고 말했다. 정치적 성향이 당락을 결정하는 것은 아니라는 것이다.

005
얼마 안 돼 그만둘 수도 있어 보일 때

면접관들은 꼭 합격하겠다는 의지를 보여주는 응시생을 선호한다. 기껏 뽑아서 교육했는데, 1~2년도 안 돼 회사를 그만둘지 모른다는 판단이 든다면 누가 높은 점수를 주겠는가?

실제 입사 1~2년 안에 퇴사하는 경우가 적지 않다. 특히 언론사는 그 특수성 때문인지 적성에 맞지 않음을 깨닫고 퇴사하는 비율이 일반 직장에 비해 다소 높은 것으로 알려져 있다. 그렇기 때문에 당신이 꼭 합격을 원한다면 절박함을 보여야 한다. 기필코 붙어서 기자로서, 아나운서로서, PD로서 승부를 걸고 싶다는 의지를 보여줘야 한다. 흔히들 스펙 좋은 응시생에게는 우려의 시선이 쏟아진다. 해외 명문대 출신의 응시생이 있다고 하자.

"외국의 명문 대학 졸업생이 왜 언론사에 지원했을까요? 그것도 솔직히 우리 회사는 메이저 언론사(방송사)도 아닌데요. 그 정도 학벌이면 연봉 많이 주는 외국계 회사에 충분히 들어갈 수 있을 텐데…"라고 면접관이 질문할 수도 있다. 이런 면접관들을 설득할 수 있는 답변을 내놓아야 한다.

"말씀하신 것처럼 제가 운 좋게 미국의 좋은 학교에서 공부

할 수 있는 기회를 가졌습니다. 외국 친구들과 어깨를 나란히 하며 학문을 배웠고 더불어 외국 문화도 익혔습니다. 저는 언론인이 되는 게 꿈입니다. 약자를 대변하는 올바른 기자가 돼서 공정한 사회를 이루는 데 일조하고 싶습니다. 제가 외국에서 배운 것들을 모두 쏟아부어 대한민국 저널리즘의 발전에도 도움이 되도록 저의 모든 열정을 바치고자 합니다."

이 정도로 자신의 의지를 강하게 드러낸다면 면접관들의 선입견을 불식시킬 수 있지 않을까?

006
정의보다는 특종 욕심을 보일 때

면접관이 다음과 같이 질문한다.

"퇴근길에 골목길에서 고등학생으로 보이는 덩치 큰 10대 청소년들이 같은 또래 아이 한 명을 집단 폭행하는 장면을 바로 앞에서 목격했다. 기자인 당신은 어떻게 하겠는가?"

A 응시생이 답한다.

"버럭 소리를 질러 아이들을 훈계하고 폭력을 말리겠습니다. 어른이니까 당연히 피해 학생을 구하는 일부터 해야죠."

B 응시생이 답한다.

"요즘 아이들 무섭습니다. 훈계하다가 당할 수도 있습니다. 저는 일단 그 앞을 지나간 다음 경찰에 신고하겠습니다. 그리고 멀리 떨어진 곳에 숨어서 폭행 장면을 스마트폰으로 촬영하겠습니다. 특종이 될 수 있으니까요."

당신은 뭐라고 답하겠는가? 물론 이런 유형의 질문에 정답은 없다. 다만 자신의 의견을 소신 있게 논리적으로 이야기하면 된다.

또 다른 예를 보자. 면접관이 묻는다.

"차를 타고 지나가다가 갑자기 불이 난 차량을 발견했다. 당신은 어떻게 하겠는가?"

A 응시생이 대답한다.

"그 장면을 찍고 취재한 기사를 써서 즉시 회사에 기사와 화면을 보내겠습니다. 그렇게 신속하게 대응해야 특종을 놓치지 않을 것이라고 생각합니다."

B 응시생은 이렇게 답한다.

"저는 솔직히 특종 욕심에 잠시 망설일 것 같습니다. 하지만 특종을 위해 위험에 처한 사람을 외면하는 것은 비인간적이라고 생각합니다. 그래서 제 차 트렁크에 있는 소화기를 꺼내 화재를 진압하고 구조 작업에 뛰어들겠습니다. 주변 사람들에게도 도움을 요청하고요. 우선 사람을 살리는 게 먼저 아닐까요?"

다음은 C 응시생의 답변이다.

"구조는 전문성을 가진 구조대의 역할입니다. 불에 타고 있는 차량에 접근했다가 자칫 다칠 수 있으니 우선 119에 전화를 해 구조 요청을 하겠습니다. 솔직히 그런 장면이 눈앞에서 펼쳐지면 특종 욕심이 날 거라고 생각합니다. 그렇기에 구조 요청 후에 스마트폰으로 화재 장면을 촬영하고 구조대를 기다렸다가 구조되는 장면까지 촬영하고 화면과 기사를 본사에 보내겠습니다. 가장 빠른 기사가 나갈 수 있도록."

역시 정답은 없다. 면접관 성향에 따라 점수를 조금 더 주고 싶은 응시생이 있을 뿐이다. 필자가 면접관이라면 B 〉 C 〉 A의

순으로 점수를 주고 싶다. 왜냐하면 기자의 특종보다는 인명 구
조가 우선이라는 생각에 동의하니까.

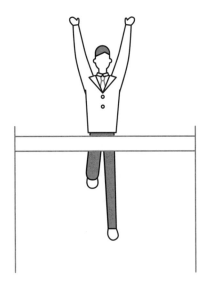

2

남들은 모르는
면접 알짜배기

면접으로 당락을 결정짓는다는 게 얼마나 합리적일까? 한 사람에 대한 평가를 겨우 15분, 길어야 30분의 면접으로 결정짓는다는 게 말이 되나 싶다. 이런 생각을 하는 건 필자뿐만이 아닌 듯하다. <PD저널>에 한 방송사 PD의 면접관 체험기가 실렸다. 그중 일부를 소개한다.

… 이 면접의 합격 불합격이 당신이라는 사람에 대한 합격 불합격은 절대 아니라고 이야기하고 싶다. '10분의 면접 후 평가한다'는 것만큼 섣부른 판단이 어디 있을까. 만약 나에게 '10분 동안 나를 어필하시오'라는 과제가 주어졌다면, 나는 내 진심의 100분의 1이라도 표현해낼 수 있었을까. 완벽하지 않은 면접관들이 10분 안에 판단하기에, 당신들은 충분히 넓고 깊었다. 누구보다 소중히 자신의 인생을 가꿔가는 사람들이었다. 그 기세만 간직한다면, 어디서든 넓고 깊은 길을 만들어 갈 것이라고 확신한다.
출처: PD저널 (http://www.pdjournal.com)

그야말로 종이 한 장 차이도 안 되는데 합격과 불합격으로 나뉘는 경우도 허다하다. 서류 전형과 필기시험을 통과했으니 실력이야 큰 차이 나지 않을 터. 필자는 사실 점수를 줄 때 고민을 거듭하다가 어차피 소수에게 합격 점수를 줘야 하는 이유로 누군가를 찍어서 후한 점수를 준 경험도 있다. 그러니 사실 면접에서 붙는 것은 운도 적잖게 작용한다고 봐야 할 것이다. 당신이 면접 전날 좋은 꿈을 꿔야 하는 이유다.

007
최신 현안을 꿰뚫고 있어라!

기자든 PD든 아나운서든 방송사나 신문사 입사 준비생이라면 뉴스 흐름을 따라잡는 건 필수다. 가장 뜨거운 현안을 비롯해 주요 뉴스의 맥락을 꿰뚫고 있어야 한다. 면접에서 관련 질문이 나오기 때문이다.

지금이라면 (이 글을 쓰고 있는 2020년 1월 초) "50퍼센트 연동형 비례대표제의 장단점이 무엇이고, 자유한국당이 왜 반대하는지 설명해 보세요."라는 질문이 나올 수 있다. 이런 질문을 하는 이유는 지원자가 얼마나 시사에 밝은가를 알아보기 위한 것이 첫째이고, 둘째는 논리적으로 설명하는가, 셋째는 정치 성향을 가늠해보고자 함이다.

조국 법무부장관 사태로 한참 시끄러웠을 때라면 "조국 후보자의 딸을 둘러싼 장학금 부정 수수 의혹에도 불구하고 문재인 대통령이 조국 법무부장관 임명을 강행한 것에 대해 어떻게 생각하세요?"라는 질문도 나올 법하다.

"설리와 구하라의 자살과 관련해 언론 매체의 책임론이 부상하고 있는데 이에 대한 견해는?" 이와 같은 사회 이슈 관련, 특히 언론의 문제점에 대한 의견을 묻는 질문도 자주 나온다.

그렇다면 어떻게 현안을 꿰뚫고 있을 수 있을까? 답은 명확하다. 뉴스를 매일 봐야 한다. 꼭 TV로 보지 않아도 된다. 포털 사이트나 몇 개 언론사 사이트를 방문해 주요 기사를 훑어본다. 지속적으로 이어지는 뉴스는 챙겨서 봐야 맥락을 꿰뚫을 수 있다. 띄엄띄엄 보면 흐름을 이해할 수 없다. 칼럼과 사설을 한두 개씩 골라서 보는 것도 크게 도움이 된다. 물론 진보 보수 매체 중 한 가지만 보지 말고 균형 있게 볼 것을 권유한다. 그래야 한쪽으로 치우쳐지지 않을 것이다. 기사를 읽고 현안에 대한 자신의 생각을 정리하고 가다듬는 습관을 들인다면 당신은 이미 합격권이다.

008
외국어 질문에 대비하라!

요즘은 해외 연수가 거의 필수가 되다시피 했다. 필자는 1992년 영국으로 건너가 2년간 체류한 경험이 있다. 1988년 여행 자유화 이후 사실상 첫 유학 세대라고 할 수 있다. 당시 영국에 한국인은 매우 드물었다. 막 시작된 유럽 배낭여행 때도 유명 관광지에서 한국인을 만나기 힘들었다. 지금이야 유럽 어딜 가도 한국인 없는 곳이 없고 유학생들이 넘쳐나지만 말이다. 그래서 말이다. 영어를 잘하는 지원자들이 많다는 것이다. 토익 900점 이상의 고득점자들도 부지기수다. 영어는 거의 필수라고나 할까. 단순 어학연수뿐 아니라 조기유학을 떠나 외국에서 대학까지 졸업하고 언론사에 응시하는 지원자들도 있다. 그런 이들의 외국어 실력은 거의 네이티브 스피커 수준일 것이다.

어쨌든 외국 어학연수 등의 경험이 있다고 이력서와 자소서에 쓰면 면접관이 외국어로 질문을 할 수 있다. 그러면 당연히 외국어로 답해야 할 것이다. 몇 마디만 들어봐도 실력을 가늠할 수 있다. 앞서 말한 대로 영어권에서 유학한 경우 제법 실력자들이 많다. 만일 면접관의 돌발적인 영어 질문을 받고 당황해 제대로 답하지 못하면 끝장이다. "유학까지 다녀와놓고 영어가

저 모양이야?" 면접관이 속으로 이렇게 생각할지도 모른다.

필자는 면접관일 때 일본어로 질문을 던진 적이 있다. 일본 와OO 대학을 졸업한 한 응시생에게 "NHK와 일본 민방 뉴스가 어떻게 다른가?"라고 질문을 했다. 필자는 대학에서 일본어를 전공했고 도쿄 특파원으로 3년간 일본 생활을 했기 때문에 일본어에 능숙하다. 응시생의 답변을 듣고 있자니 실망스러웠다. 일본에서 대학까지 나온 사람의 일본어가 기대 이하였고, 언어뿐 아니라 질문에 대한 답변 내용이 부실했기 때문이었다. 아마도 많이 당황해서 그랬던 측면도 있었겠지만 이미 필자의 마음속에서 해당 응시생의 점수는 마이너스를 기록하고 있었다.

영어든 중국어든 일본어, 불어, 러시아어든 면접관 중에 해당 외국어의 능통자가 있을 수 있고 돌발적으로 외국어 질문이 튀어나올 수 있다는 점을 명심하라.

009
임원 면접에서 중시하는 것은?

서류 전형과 카메라 테스트에 이어 실무 면접까지 통과해 임원 면접에 올랐다면 실력은 검증된 거라고 봐도 무방하다. 임원 면접에서는 응시생이 해당 회사에 제대로 적응할 것인지, 리더로 성장할 수 있을 것인지를 보게 된다. 실력과 스펙은 대단히 좋은데 입사 후 얼마 안 돼 퇴사해버릴 것 같은 응시생을 임원들이 뽑을 리 있겠는가? 그러므로 합격 후 성실하게 장기간 다닐 것이라는 인상을 심어줘야 한다.

학창 시절 반장이든 동아리 회장이든 크고 작은 조직의 리더 경험을 한 적이 있다면 그것을 강조하는 게 좋다. 리더 경험을 통해 리더십을 배웠다는 점을 어필하라. 물론 임원 개개인의 취향에 따라 선호도가 다르겠지만 가장 큰 의사결정권을 가진 사람은 역시 대표이사이다. 때문에 면접관 중에 누가 대표이사인가를 유심히 관찰해야 한다. 사전에 지원한 방송사의 인터넷 홈페이지에서 사장님을 포함한 임원진 명단을 확인해 보는 게 좋다. 경우에 따라서는 대표이사가 빠진 채 임원 면접이 진행되는 경우도 있다. 어쨌든 면접관 중에 가장 높은 직위를 가진 사람이 누군지 얼른 파악할 필요가 있다. 실질적인 의사 결정을 하는 사람의 마음에 들어야 하기 때문이다. 사전에 해당 회사의 경영철학을 주지하고 면접에 임하는 것이 좋다. 회사마다 사풍이 다르고 경영철학에 차이가 있기 때문이다. 아무래도 자사의 경영철학에 맞는 인재를 뽑으려는 게 일반적이므로 그 경영철학에 맞는 답변을 준비해야 합격 가능성이 높아질 것이다.

주의할 것은 너무 보여주기식 정답만을 말하려 해선 안 된다는 점이다. 자신의 소신을 일정 부분 드러내되 너무 고집이 세거나 외골수로 보이지 않도록 조심해야 한다. 어떤 조직이든 독불장군식의 스타일은 좋아하지 않는다.

그보다 더 중요한 건 그 언론사에 대한 공부를 사전에 하는 것이다. 어떤 프로그램이 있는지, 뉴스는 어떤 포맷인지, 특이한 코너는 무엇인지, 진행자의 이름은 무엇이고 특징은 어떤지 등을 파악해둬야 한다. 그래야 "우리 방송 프로그램 중에 어떤 걸 진행해 보고 싶어요?" "우리 방송 뉴스 진행자의 장단점을 말해 보세요." "우리 방송 뉴스를 타사와 비교했을 때 좋은 점과 다른 점을 말해 보세요."와 같은 질문에 제대로 답할 수 있을 것이다. 사전에 공부가 되어 있지 않으면 제대로 답을 할 수 없을 뿐 아니라 성의가 없다고 여겨질 수 있다.

010
방송기자 지망생은 생방송 연습을 하라!

방송기자 면접이라면 즉석 생중계를 준비하라. 면접관이 시킬 수 있다. 태풍의 현장, 지진, 화재, 붕괴 등 대형 재난의 현장을 생생하고 막힘없이 이야기할 수 있도록 연습하라. 준비 없이 면접에 임했다가 당하면 100퍼센트 당황하고 머릿속이 하얘져 아무 말도 못 하고 '버퍼링'이 생기게 된다. 그건 탈락의 빌미가 된다. 꼭 기억하라.

생중계 연습에도 요령이 있다. 생중계는 첫 세 문장이 좌우한다. 카메라를 쳐다보고 말해야 하는 첫 세 문장을 못 외우고 버벅거리면 끝장이다. 살짝 버벅거리기만 하면 위기를 모면할 수 있지만 꼬이면 걷잡을 수 없는 상황으로 치닫기도 한다. 그렇게 되면 현장을 중계하는 기자나 보는 시청자나 분위기가 싸해진다. 실제 방송사에서 뉴스를 할 때 현장 기자가 버벅대면 부조정실에서 진행하는 PD나 모니터로 지켜보는 데스크가 "저 XX는 더 이상 중계차 태우지 마!"라고 소리친다. 원고를 쳐다보고 읽기만 하는 모습이 TV에 계속 비치면 머리가 나쁘거나 성의 없다고 여겨질 수 있다.

그럼 어떻게?

첫 세 문장, 스타트가 좋으면 그다음부터는 술술 풀릴 가능성이 크다. 그럼 어떻게 첫 세 문장을 잘 외울 수 있느냐? 간단하다. 주변 스케치를 문장으로 구성하라. 눈으로 본 상황을 머릿속에 떠올려 설명하는 방식이면 팩트 위주의 나열 문장보다 훨씬 잘 외워진다. 아니 꼭 외울 필요 없다. 주변 지형지물을 잘 활용하라.

> **예**
>
> "태풍 미탁이 상륙을 앞둔 목포로 가보겠습니다. 홍길동 기자! 비바람이 거세 보이는군요?"
>
> "네. 저는 지금 목포항에 나와 있습니다. 제 뒤로 보이는 것처럼 집채만 한 파도가 방파제를 집어삼킬 듯 내리치고 있습니다. 바람도 워낙 거세 가만히 서있어도 휘청일 정돕니다.
> 빗줄기도 갈수록 굵어져 우산을 쓰지 않고 맞고 있으니 얼굴이 따갑고요, 주변에 물이 고이는 곳도 나타나기 시작했습니다."

이걸 굳이 외우려 하지 않아도 된다. 그냥 생각나는 대로 눈에 보이는 대로 술술 입에서 나오도록 연습하라. 버스를 타고 가다가, 지하철에서도, 걷다가도 머릿속에 상황을 그리면서 속으로든 겉으로든 자꾸 읊어보라. 하다 보면 요령이 생기기 마련이다.

참고로 필자는 채널A 신입·경력 기자 채용 시 면접관으로서 방송사 가운데 처음으로 즉석 생중계 테스트를 실시한 장본인이다. (적어도 필자가 알기에는) 이후 CJ헬로(현 LG헬로비전)에서도 같은 형식으로 면접을 진행했다. 그렇게 하는 이유는 두 가지다. 첫째는 실제로 특보와 같은 방송 중계 역량이 있는지 순발력을 테스트하는 것이다. 둘째는 응시생이 불합격할 경우 납득할 수 있기 때문이다. 그 얘기는 생중계를 100퍼센트 만족스럽게 하는 사람은 단 한 명도 없다고 해도 과언이 아니다.

태풍 외에 또 어떤 유형의 생중계 테스트가 실시될까? 여러 가지 상황에 대비해 연습해 둔다면 당황하지 않고 술술 해낼 가능성이 그만큼 높아질 것이다.

지진의 사례만 해도 여러 가지 상황을 생각해 볼 수 있다.

Q 조금 전 포항에서 규모 5.4의 강진이 발생해 피해가 속출하고 있습니다. 현장에 나가 있는 취재기자 연결합니다. 홍길동 기자! 인명 피해 규모부터 전해주시죠!

Q 규모 5.4의 강진이 휩쓸고 간 포항 시내는 그야말로 쑥대밭입니다. 현장 취재기자 불러보겠습니다, 홍길동 기자! 홍 기자 뒤로 보니까 건물 외벽이 모두 무너져 내렸군요?

Q 규모 5.4의 강진 이후 밤사이 크고 작은 여진이 30여 차례 발생했습니다. 이 때문에 주민들이 집으로 돌아가지 못하고 대피소에서 뜬눈으로 밤을 새웠는데요, 이번엔 대피소로 가보겠습니다. 홍길동 기자, 그곳에는 몇 명이나 대피해 있나요?

그밖에 오피스텔 대형 화재, 요양병원 화재, 대형 산불, 가스 폭발 사고, 선박 전복 사고, 헬기 추락 사고, 고속도로 30중 추돌 사고, 교량 붕괴 사고, 백화점 붕괴 사고 등 각종 대형사고를 머릿속에 떠올리고 상상하며 연습해 보라. 실제 발생했던 사고 현장을 떠올리며 생각나는 대로 묘사해 보고 인명 피해와 같은 팩트는 상상에 맡겨도 좋다. 중요한 것은 당황하지 않고 긴장하지 않고 현장 상황을 막힘없이 풀어가는 것이다.

Q 오늘 아침 출근길 서울 성수대교 상판이 붕괴돼 버스와 승용차 다섯 대가 추락했습니다. 이 사고로 40여 명의 인명 피해가 발생했다는 소식입니다. 현장 연결합니다. 홍길동 기자! 사고 개요부터 전해주시죠?

추가 현재 구조 작업은 어떻게 진행되고 있나요?

추가 사고 원인은 뭡니까?

Q 오늘 오후 5시쯤 서울 삼풍백화점이 붕괴되는 사고가 발생했습니다. 당시 백화점은 붐비고 있었기 때문에 대규모 인명 피해가 발생했습니다. 현장으로 가보겠습니다. 홍길동 기자! 현재 상황 전해주시죠?

> **추가** 정확한 인명 피해 상황이 드러났습니까?
> **추가** 구조 작업에 얼마나 더 시간이 걸릴 것으로 보입니까?
> **추가** 붕괴 순간 목격자의 이야기는 들어봤나요?
> **추가** 붕괴 원인 나온 것 있나요?

Q 강원도 고성 일대에 산불이 번지면서 강릉 시내까지 위협받고 있습니다. 당국은 주민들에게 긴급 대피령을 내렸습니다. 현장 취재기자 연결합니다. 홍길동 기자! 강풍 때문에 산불이 계속 번지고 있다면서요?

> **추가** 피해는 어느 정도나 됩니까?
> **추가** 대피령이 내려진 지역은 어디인가요?
> **추가** 진화 작업은 어떻게 펼쳐지고 있습니까?
> **추가** 진화 작업이 더뎌지는 이유는 뭔가요?

Q 오늘 아침 인천공항으로 가는 영종대교에서 100중 추돌사고가 발생했습니다. 이 사고로 5명이 숨지고 100여 명이 크고 작은 부상을 입었습니다. 현장 연결해 보겠습니다. 홍길동 기자! 짙은 안개가

원인이었다면서요?

추가 구조 작업은 어떻게 진행됐습니까?

추가 일대 교통은 통제되고 있겠군요?

추가 현재도 안개가 짙게 깔려 있습니까?

011
아나운서 지망생은 인터뷰 연습을 하라!

아나운서 역시 마찬가지로 생방송 진행 테스트가 주어질 수 있다. 면접관을 출연자로 가정하고 지속적으로 질문을 던지도록 하는 테스트다. 예를 들어 면접관이 95세의 건강한 장수노인이라고 가정하고 장수 비결을 알아보는 인터뷰를 생방송으로 진행하라는 주문이다. 당신이 응시생이라면 무엇부터 묻겠는가? 지속적으로 어떤 질문을 내놓겠는가? 면접관이 일부러 대답을 시큰둥하게 한다면 어떻게 다음 질문을 자연스럽게 이끌어 가겠는가?

면접관이 서울시장이고 서울시 청년 수당에 대한 질문을 하라고 한다면?

면접관이 데뷔 50주년을 맞은 원로 가수라면?

면접관이 최근 오스카상을 거머쥔 영화감독이라면?

봉준호 감독의 영화 〈기생충〉이 작품상과 감독상 등 네 개 부문을 석권했다는 소식이 방금 들어왔다. 봉 감독이 전화로 연결되어 있다. 어떤 질문을 쏟아낼 것인가?

유럽 여행 중 김정남의 아들 김한솔과 부딪혀 돌발 인터뷰를 하게 된다면 어떤 질문을 할 것인가?

도널드 트럼프 대통령의 기자회견에 초청받았다고 가정해 보자. 한국 언론인을 대표해 무엇을 묻겠는가?

또한 뉴스 진행자의 경우 방송에 연결되는 기자 또는 전문가, 현장 목격자 등을 상대로 한 생방송 인터뷰도 매우 중요하다. 특히 목격자로부터 목격 내용과 현재 상황을 잘 이끌어내려면 질문을 잘해야 한다. 시청자들이 현재 궁금해할 사안이 무엇인지를 캐치해가며 목격자의 답변에 따라 후속 질문을 끊임없이 던져야 한다. 일반 시민들 가운데는 의외로 말을 잘 못하는 사람들이 많다. 네, 아니오의 단답식으로 답을 하는 경우도 부지기수다. 풍성한 정보를 담은 답을 이끌어내는 것은 뉴스 진행자의 몫이다.

예

\# 도심 오피스텔 화재 목격자를 전화로 연결해 생방송으로 인터뷰한다고 가정해 보자. 당신은 어떤 질문을 할 것인가?

\# 한강 유람선의 전복 상황을 목격한 시민을 전화로 연결했다면 어떤 질문을 쏟아내야 할까?

\# 안개 짙은 일요일 아침 소방 헬기가 20층 아파트에 충돌해 추락했다. 이를 목격한 아파트 주민을 전화로 연결했다면 무엇을 물

어보겠는가?

화학물질 공장에서 연쇄 폭발에 의한 대형 화재가 발생해 시커먼 연기가 인근 아파트 단지로 유입되고 있다. 화재를 목격한 아파트 주민이 전화로 연결되어 있다면 어떤 질문을 하겠는가?

　방송 프로그램의 진행 역량을 테스트하기 위해 돌발 상황을 주고 해 보라고 한다면 당신은 얼마나 잘 해낼 수 있을까? 평소 여러 가지 상황을 가정하고 연습하지 않는다면 당황할 수밖에 없다. 머릿속이 하얘지며 말이 두서없이 나오고, 어… 어… 하며 더듬고 말을 잇지 못하는 상황에 직면해 스스로 "면접 망쳤네."라고 생각하게 될 것이다.
　해답은 연습이다. 평소 즐겨보는 방송 프로그램을 떠올리며 진행자에 빙의돼 멘트를 날리는 연습을 꾸준히 해보자. 그렇게 하다 보면 자연스럽게 말이 늘 것이다. 방송인이라면 어차피 말을 잘해야 하지 않겠는가.

내가 합격할 수 있었던 세 가지

아나운서 전문 아카데미에서 꿈을 키우다

아나운서가 되고자 결심은 했지만, 어떻게 하면 될지 또 어떻게 시작해야 할지 막막했어요. 그러다 아나운서 전문 육성 아카데미가 있는 것을 알고 찾아갔죠. 그동안 수많은 대형사에 합격자들을 배출해왔기 때문에 믿을 수 있는 많은 노하우가 있었어요. 그래서 보다 전문적인 교육과 체계적인 관리를 받으며 아나운서의 꿈을 키워나갈 수 있었죠.

친구들과 함께 같은 꿈을 꿈꾸다

함께 수업을 들었던 친구들, 스터디 친구들, 그리고 학원에서 동영상을 찍거나 오고 가며 친해진 친구들까지. 함께 꿈을 꾸는 동지들이 있었기에 그 꿈을 꾸는 과정 또한 행복할 수 있었어요.

보통 아카데미에는 늘 학생들에게 열려 있는 스터디룸

이 있기에 많은 학생들이 와서 스터디를 하거나 동영상을 찍거나 혹은 편하게 와서 선생님 혹은 친구들과 대화하며 시간을 보내곤 해서 꿈 동지들과 만날 기회가 많아요. 자연스럽게 친해지면서 서로 의지도 하고, 응원도 하고, 정보도 공유할 수 있어서 좋아요.

몰입과 열정으로 꿈을 이루다

아나운서 준비에서 합격까지 약 4개월이 걸렸어요. 아나운서 준비생들에게 4개월이면 비교적 빠르게 방송에 진출한 편에 속하는데요. 4개월 동안 주변에서 '수녀의 삶'을 살고 있다고 놀릴 정도로 몰입했죠.

아카데미 강의를 수강하면서 방송 감각을 키우는 동시에 프로필 사진과 자기소개서 등 기본적인 준비는 물론이고, 매일매일 거의 하루 종일이라고 해도 과언이 아닐 정도로 첫 2개월은 집에서 기초를 닦는데 집중했어요.

아침 6시에 일어나 뉴욕 증시, 국내 증시 관련 기사와 경제 방송을 챙겨보면서 경제 흐름을 익혔고(경제방송 쪽으로 진출하려고 준비를 많이 했습니다), 이후에는 전날 방영한 SBS, KBS, MBC 지상파 3사 뉴스와 JTBC 뉴스 영상을 보면서 주요 뉴스의 내용 파악과 함께 내가 하는 앵커 멘트와 각 방송사 앵커들의 표현을 비교했죠. 또 아나운서 카페에 올라온 뉴스 원고로 단신 연습을 하면서, 녹음하고 확인하는 작업도 했어요. 이 외 장르 연습도 꾸준히 했고요.

어느 정도 스스로에 대한 자신감을 가진 후부터는 학원에 자주 나갔어요. 학원에서 진행하는 오디션과 특강에 빠짐없이 참석해 제 실력을 점검했고, 또 스터디를 꾸려 친구들과 본격적인 채용 지원 준비에 들어갔죠. 끊임없이 피드백을 주고받으며 부족한 부분은 채우고 장점을 살리면서 쑥쑥 성장할 수 있었어요.

주변에서 어떻게 단기간에 합격했는지 그 노하우를 많이들 궁금해하더라고요. 저의 노하우는 단순합니다. 바로 몰입과 열정이에요. 정말 방송을 하고 싶고, 빨리 방송을 하고 싶다면 지금 당장의 즐거움은 잠시 미뤄두어도 좋아요. 개구리가 점프하기 전에 몸을 잔뜩 움츠리는 것처럼 말이죠. 힘들고 지루해도 바짝 움츠릴수록 더 멀리 더 높이 뛸 수 있어요! (너무 노인네 같나… 흠흠)

김태은 MTN 머니투데이 방송 아나운서

3

첫인상... 예의는 기본

면접 때 인상이 합격 불합격을 좌우한다고 해도 과언이 아닐 것이다. 누구나 사람을 처음 만날 때 첫인상이 오래가기 마련인 것처럼.

인상이라고 하는 것은 그 사람의 생김새와 표정, 걸음걸이, 목소리와 말하는 스타일 등 다양한 요소가 영향을 미친다. 여기에 어떤 옷을 입었는지, 헤어스타일은 어떤지, 메이크업은 어떤지도 첫인상에 결정적 영향을 끼친다.

미팅이나 소개팅을 한다고 가정해 봐도 마찬가지일 것이다. 처음 만난 상대가 옷을 성의 없게 입고 나오면 당신은 "오늘 괜히 나왔어"라고 생각할 것이다. 면접관 입장에서 생각해 보자. 명색이 회사에 들어오겠다고 그것도 방송사 아나운서나 기자, PD로 입사하겠다고 하는 지원자가 꾀죄죄한 복장을 한다면 당신은 점수를 주겠는가?

깔끔한 복장은 최소한의 예의다. 물론 필자가 면접관을 할 때 운동복이나 청바지 차림으로 면접장에 나온 지원자를 본 일은 없다. 대부분 깔끔하게 양복 차림으로 나온다. 남성은 감색, 여성도 감색이나 회색, 베이지색 등의 단색 정장이다.

012

넥타이, 꼭 매야 할까?

꼭 맬 필요는 없지만 매는 편이 낫겠다. 겨울철이라면 비교적 점잖은 목티에 노타이라도 괜찮겠지만 보수적인 면접관도 있을 수 있으니 가급적 넥타이를 매는 게 좋다. 넥타이를 매려면 당연히 와이셔츠를 입어야 하고 와이셔츠는 흰색이 무난하겠다.

눈에 띄게 인상을 심어주고 싶다면 검은색 와이셔츠에 흰 넥타이를 매는 것도 방법이다. 약간의 리스크는 있다. 보수적인 면접관에게는 오히려 부정적인 인상을 줄 수도 있을 테니까. 하지만 시대가 변하고 있으니 한 번 시도해 볼 만하다.

013
남자의 파마머리, 괜찮을까?

요즘은 남자들도 파마로 헤어스타일을 가꾸는 것이 크게 이상하지 않은 시대이다. 특별히 면접이라고 해서 파마머리가 불합격 요인으로 작용하지는 않을 것이다. 물론 레게 머리나 장발이나 포니테일이나 심할 정도의 뽀글뽀글 파마라면 면접관들이 뜨악한 표정으로 보지 않겠는가?

014

긴 생머리? 단발머리? 파마머리?

아나운서 응시생들은 대부분 미용실에서 머리를 하고 풀메이크 업까지 받고 오는 경우가 허다하다. 비싼 돈을 들여 맵시를 내 는 것이 나쁠 것은 없다. 좋은 인상을 주는 것이 합격점에 더 다 가서는 것일 테니까. 그렇다고 그것이 합격을 보장하지는 않는 다. 외면보다 내면을 더 중시하는 면접관이 많기 때문이다.

주의할 것은 너무 치장을 많이 하다가 오히려 화류계 여성처 럼 보이는 오류를 범하는 경우가 이따금씩 있다는 점이다. 과유 불급이다.

015

스커트 vs 바지?

정장이면 된다. 스커트든 바지든 관계없다는 게 필자의 답변이다. 그런데 대부분의 아나운서 응시생들은 스커트 차림으로 면접에 임한다. 하이힐 차림으로. 아마도 다리가 길어 보이게 하기 위해서일 것이다. 나쁘지는 않다. 하지만 미니스커트는 삼가야겠다.

Q 여성분들 면접 볼 때 치마 정장은 안 입으시나요? 면접 복장에 단정한 자유복이라고 적혀있는데, 1) 넥타이까지 풀 정장 2) 노타이 정장 3) 슬랙스에 흰 남방 무얼 입고 가야 할까요?

필자는 위 질문을 보고 슬랙스가 뭔지 몰라 인터넷 검색을 해봤다. 사진 여러 장을 보니 정장 바지를 뜻하는 말인 것 같다. 슬랙스에 흰 셔츠면 무난하다. 면접 복장까지 알려주는 회사가 있던가? 단정한 자유복이라… 애매한 표현이다. 안전하게 하려면 넥타이까지 풀 정장일 것이고, 노타이 정장도 문제 될 건 없을 듯하다. 하지만 청바지나 쫄바지는 아닐 것이다. 면접에 어울리는 지극히 상식적 판단에 따른 복장을 고르는 게 좋겠다.

016
메이크업은?

가장 중요한 건 너무 진하게 하지 말아야 한다는 것이다. 미인대회에 출전하는 것이 아니다. 너무 진하면 오히려 거부감을 줄 수 있다. 잡티를 가릴 정도의, 피부색을 살짝 밝아 보이게 할 정도의 기초화장이면 좋겠다. 자연스럽고 부드럽게 보여야 한다.

둘째, 사납게 보이면 곤란하다. 고집이 세 보이는 것도 곤란하다. 너무 강렬해 보이는 것도 피해야 한다. 아이라인과 마스카라도 너무 진하면 반감을 산다. 연극배우를 뽑는 게 아니다. 적지 않은 면접관들이 보수적이라는 사실을 명심하라.

요즘은 남성도 기초화장을 하는 경우가 있다. 비비크림 정도는 바르고 오는 이들을 가끔 본다. 눈썹을 그리는 남자 응시생도 있다. 살짝 브라운톤으로 머리 염색을 한 남성도 있다. 안 되는 건 아니다. 요즘은 남자도 자신의 얼굴을 가꾸는 시대니까. 다만 도를 넘지 않았으면 좋겠다. 노란 머리 염색, 진하게 그려 넣은 눈썹, 허옇게 바른 화장, 이런 헤어와 메이크업은 보수적인 면접관들에게 좋지 않은 인상을 심어줄 수밖에 없다. 필자가 메이크업 전문가는 아니므로 그저 면접관으로서 인상을 판단할 정도의 조언일 뿐이다.

4

합격하는
자기소개서

면접은 이력서(입사지원서)와 자기소개서를 토대로 이뤄진다.

면접관들이 두 개의 서류를 놓고 보면서 질문을 하는 게 보통이다. 그렇기 때문에 두 가지 서류를 어떻게 쓰느냐가 매우 중요하다. 면접관들도 사람인지라 10~20분, 길어야 30분 사이에 응시생들의 당락을 결정지어야 하니 일단 서류에 쓰인 것에 영향을 받을 수밖에 없다.

이력서와 자기소개서를 얼마나 임팩트 있게 쓰느냐가 당락의 절반, 최소한 3분의 1은 결정한다고 해도 과언이 아니다. 면접관들은 이미 두 가지 서류를 보고 선입견을 갖기 때문이다.

017
자소서 길게 쓰지 마라!

대부분의 응시생들이 자소서를 길게 쓴다. 자신의 성장 배경, 어린 시절 꿈, 학교 시절 겪었던 이야기. 아나운서나 기자, PD가 꼭 되어야 하는 이유. 어학연수 경험, 각종 인턴 경험까지. 분명 자기소개서이기 때문에 자신의 살아온 삶을 이야기하며 자신이 어떤 사람이라는 걸 말해야 하는 건 맞다. 그런데 두 가지를 기억하자.

첫째, 면접관은 당신의 자소서만 읽는 게 아니다. 면접관이 수많은 지원자들의 자소서를 전부 꼼꼼히 읽을 것이라고 생각하면 오산이다. 대개의 경우 면접관들은 지원자의 자소서를 미리 다 읽어보고 면접에 임하지 못한다. 바쁜 사람들이기에 그렇다. 면접 직전에 자리에 놓인 이들의 이력서와 자기소개서를 대충 훑어보고 눈에 띄는 내용을 체크했다가 관련 질문을 하는 것이 보통이다. 그러니 길게 쓰는 게 중요하지 않다. 그렇다고 너무 짧게 쓰는 것도 좋지 않다. 성의 없이 보이기 때문이다. 적당한 길이로 쓰되 눈에 띄게 써야 한다.

그럼 어떻게 쓰는 게 눈에 띌까? 단락별 소제목 몇 가지를 큼지막한 글씨로 써라. 그리고 특히 강조하고 싶은 부분은 밑줄을 그어라. 그래야 면접관들의 눈길이 강조된 부분에 쏠린다.

둘째, 자소서를 잘 써야 하는 이유는 자신이 만족하기 위한 게 아니라 면접관의 마음을 사로잡기 위함이기 때문이다. 그러므로 남들과 다른 점, 차별화된 내용을 부각해야 한다. 평이한 내용이면 임팩트가 없다. 남들이 잘 가지 않는 특이한 외국에서 살거나 여행했던 경험, 그곳에서 겪었던 에피소드, 그것을 통해 깨닫고 배운 점을 적는다면 면접관의 눈길이 갈 것이다. 또 특이한 취미나 외국어 특기를 강조하는 것도 권유한다. 일일이 예를 들기는 어렵지만, 남들과는 다른 점, 자신만의 특이한 개성을 드러낼 수 있도록 일부러라도 경험을 만들고 스토리 메이킹을 해두어라.

018

취미는 독서나 영화 관람, 특기는 달리기
이렇게 쓰지 마라 제발!

적지 않은 응시생들이 취미 칸에 독서나 영화 관람을 적는다. 독서와 영화 관람은 더 이상 취미가 아니다. 그냥 평소에 하는 문화생활일 뿐이다. 취미도 특기처럼 남들이 하지 않는 차별화된 종목을 써넣어야 유리하다. 스쿠버다이빙이나 서핑, 자전거 타기, 국궁과 같은 스포츠 분야가 될 수도 있다. 자전거 타기라면 MTB로 일산 아마존을 정복했다거나 로드바이크로 서울에서 속초까지 210km를 완주했다거나 하는 귀가 솔깃할 만한 이야기를 덧붙여주면 좋겠다. 국궁은 양궁과 어떻게 다른지, 활을 잡는 방법이나 시위를 당기는 방법의 차이 같은 것을 면접관들에게 설명해 준다면 인기 만점일 것이다.

특별히 차별화되지는 않지만, 등산도 괜찮은 취미이다. 중장년의 면접관들로부터 공감대를 이끌어낼 수 있기 때문이다. 그런데 등산이 취미라면 북한산의 등반 코스 세네 개쯤은 외우고 있는 게 좋다. 가능하다면 국내 10대 명산 등반 경험에다 해외 명산 열 곳 등반을 버킷리스트에 올려두었다고 말한다면 면접관들 중 한 명이라도 표정이 환해질 것이다.

오타쿠 기질을 보이는 것도 나쁘지 않다. 피규어 모으기가 좋은 예이다. DIY도 마찬가지다. 뭔가 면접관들의 흥미를 유발해 질문을 하도록 할만한 취미를 이야기하라. 제발 본인의 취미가 독서라고 말하지 마라. 너무 평범하다. 읽는 대신 쓰는 게 취미라고 해라. 그것도 로맨틱 소설이나 SF 소설과 같이 특정 장르를 콕 집어서.

없다면 지금이라도 그리 어렵지 않은 취미를 개발하라.

019
짧은 직장 경력은 아예 쓰지 마라!

경력 기자를 뽑는 과정에서 입사지원서를 보다 보면 어떤 응시생은 경력을 화려하게 많이 적는 경우가 눈에 띈다. 그런데 자세히 살펴보면 재직 기간이 6개월, 1년, 심지어 1개월, 3개월 쓰여 있는 경우도 있다. 여기에 인턴도 여러 개 적어놓기도 한다. 면접관 입장에서는 "왜 이렇게 직장을 자주 옮겼지?" 하는 생각이 들 수밖에 없다. 긍정적으로 보기는 힘들다. 조직 적응력이 부족한 것 아닌지 의구심부터 든다. 더구나 언론사 경력도 아니고 전혀 관계없는 직종의 직장 경력은 굳이 많이 쓸 필요가 없다. 대표적인 것 한두 개 정도, 그것도 가장 길게 한 경력으로 써넣어라. 면접관이 물을 것이다.

"괜찮은 직장을 다니셨는데, 1년 6개월 만에 그만둔 이유가 뭔가요?"

그러면 다음과 같이 답해보라.

"저는 원래 아나운서(또는 기자, PD) 지망생이었는데 취직이 되어 직장을 다녔습니다. 하지만 역시 저는 아나운서(또는 기자, PD)가 적성에 맞는다는 사실을 깨달았습니다. 제 꿈을 이루기 위해 과감하게 직장을 그만뒀습니다. 회사 생활도 비록 짧

았지만 앞으로 펼쳐질 저의 아나운서(또는 기자, PD) 생활을 위
해서는 도움이 될 것으로 믿습니다. 사익보다는 공익을 추구하
는 기자가 꼭 되고 싶습니다."

아나운서(또는 기자, PD)가 되고자 하는 열망을 충분히 보
여주는 답변이니 면접관들의 점수를 딸 것이다.

020
나이가 많으면 불리? 특장점으로 상쇄하라!

입사지원서는 대체로 응시생 본인의 나이, 성별, 키, 시력과 같은 인적사항과 학력, 학점, 병역, 외국어 능력, 특기, 취미 등등의 칸으로 되어 있다. 필자가 면접관일 때 응시생들의 입사지원서에 표시를 해두는 부분이 있었다.

우선 나이. 지원 조건에 '나이 제한 없음'으로 되어 있지만 그래도 나이를 꼭 챙겨 본다. 너무 나이가 많으면 불리한 게 사실이다. 신입 아나운서(또는 기자, PD) 지원자들은 대개 여성의 경우 23세부터 30세까지, 남성의 경우 25세부터 33세 정도까지일 것이다. 그런데 간혹 다른 직장을 꽤 다니다가 아나운서(또는 기자, PD)가 되고 싶어 공채에 응시했다는 고령자(?)가 있다. 물론 아나운서(또는 기자, PD)가 되고 싶다는 열망과 굳은 의지는 높이 평가하고 싶지만 40세의 응시생은 솔직히 부담스럽다. 입사 후 동기들과는 형 동생, 누나 동생, 언니 동생 하며 지낼 수 있겠지만 입사 선배들과의 관계가 문제다.

언론사의 선후배 관계는 매우 엄격한데 나이 차이가 많이 나는 후배를 함부로 다룰 수는 없는 노릇이다. 조직 분위기가 자연스럽게 흘러가지 못하지 않을까 염려되는 탓에 면접관 입장에서는 아무래도 좋은 점수를 주기 힘들다. 그렇다고 나이가 많다는 이유만으로 탈락시키는 것도 정도는 아니다. 나이가 많은 불리한 조건을 상쇄할 수 있는 다른 큰 장점이 있다면 면접관들의 마음을 움직일 수 있다.

이전 직장 경험을 기자 업무에 크게 활용할 수 있다는 점을 어필할 수 있다면 좋은 점수를 얻을 수 있다. 특히 전문성을 살려 특정 분야의 취재에 특히 유리하다는 점을 인정받을 수 있다면 좋겠다. 의사나 변호사 경력자가 언론사 입사를 희망하는 경우도 더러 있다. 그 외 통역사나 법무사, 운동선수의 경우도 고령을 상쇄할 수 있는 경력으로 꼽을 수 있다.

021

특기는 특색 있게 잘 포장해서 써라!

꼭 나이가 많은 사람만 특기를 부각해야 하는 게 아니다. 자신이 가진 특기는 면접관의 시선을 끌 수 있는 가장 매력적인 도구다. 남들과 차별화된 특기일수록 그렇다.

특기가 유명인 성대모사라고 해보자. 분명히 면접관이 표시해놨다가 성대모사를 해 보라고 시킬 것이다. 만일 김구라나 문재인 대통령의 목소리를 그럴듯하게 흉내 낸다면 면접관들은 당신을 기억하게 될 것이다.

연기도 그렇다. 유명 영화나 드라마의 한 장면을 떠올리게끔 유명 배우의 연기를 짤막하게 펼쳐보라. 면접관들은 당신의 이름과 얼굴을 잊지 못할 것이다.

스포츠도 눈길을 끌 수 있는 특기다. 축구는 평범해 보일 수 있지만 의외로 좋은 점수를 딸 수 있다. 매년 기자협회 축구대회가 있는데, 각 언론사마다 축구를 잘하는 기자들이 총력전을 펼친다. 당신의 축구 실력이 굉장하다면 면접관들이 좋아할 것이다. 축구를 얼마나 잘하는지 면접 때 보여줄 수는 없지만, 학교 다닐 때 축구부였다거나 축구 동아리 활동을 했거나 본인이 참가해서 거뒀던 대회 성적과 본인의 포지션 등을 설명하며 적극 호소해 보라. 수영이나 승마, 배드민턴도 좋고 태권도나 유도, 검도도 좋다. 이종격투기는 어떨까?

잘하는 운동이 없다면 지금이라도 짧은 기간에 배울 수 있는 암벽 등반을 시도해 보라.

022

학점이 당락을 좌우하진 않는다. 그러나…

언시생 가운데 학점 때문에 망설이는 이가 적지 않다. 친구들과 노느라, 동아리 활동하느라, 연애하느라… 갖가지 이유가 있을 것이다. 학점관리를 제대로 하지 못했는데, 과연 서류는 붙을 수 있을까? 몇 점 정도가 세이프 라인일까? 학점이 좋을수록 합격 가능성이 높을까? 이런 질문들이 있다.

결론은 학점이 아주 나쁘지 않은 한 당락을 좌우하지는 않는다는 것이다. 그렇다면 아주 나쁘다는 경계선은 어디일까? 4.3 또는 4.5 만점에 3.0 이상이면 세이프. 2.7에서 3.0 이상이라면 성적 외에 특출한 매력이 있어야 할 것이다. 만점에 가까운 4.0 이상이라고 해서 우선순위에 들지는 않는다고 본다. 성적이 좋다는 건 성실하고 열심히 공부했다는 증거인 것은 맞다. 하지만 그것이 기자 생활을 잘할 것이라는 보증 수표가 될 수는 없다. "대학 때 너무 범생이처럼 공부만 한 것 아니야?"라고 생각하는 면접관도 있을지 모른다. 굳이 톱클래스의 성적이 아니라 해도 "사회에 대한 깊은 고민, 학업 외에 다른 의미 있는 일에 몰두하다가 좋은 성적을 받지 못했을 수 있겠지."라고 면접관들이 생각해 줄 수 있다.

그런데, 만일 성적이 2.3 이하라면 이야기가 달라진다. 아마 서류 전형을 통과하기 어려울 것이고 가까스로 통과했다 해도 면접에서 좋은 점수를 받기는 어렵다. 앞서 말한 대로 성적은 성실성을 뒷받침하는 한 요소이기 때문에 성적이 그 정도로 좋지 않다는 것은 기본적으로 성실하지 않다는 걸 의미할 수 있기 때문이다.

포기하고 싶지 않아 절대로

언제가 저희 엄마에게 이런 말을 한 적이 있습니다.

"차라리 성적순이라면 좋겠어. 내가 떨어진 이유가 무엇인지도 모르고, 또 각 방송사마다 원하는 인재상이 다 달라서 기본 실력 외에 어떠한 운이 필요한 느낌이야. 마치 캄캄한 긴 터널 속을 지나는 것 같아. 그래서 늘 불안하고 속상해. 근데 포기하고 싶지 않아 절대로."

여러분들도 같은 마음이라고 생각해요. 그럴 땐 혼자 끙끙 앓지 말고 선생님이나 선배님들께 도움을 요청하고, 함께 준비하는 친구들과 마음을 나눠보세요. 그리고 내가 위로받고 응원받은 만큼 주변에 좌절하고 주저하는 친구가 있다면 그 친구의 손도 꼭 잡아주고요. 나 혼자만 잘 될 거야 하는 생각보다 모두 함께 잘 되자는 생각이 나와 우리를 성장시키고 성공시키는 것 같아요. 내 주변이 행복하다는 건, 나 또한 행복하다는 뜻일 테니까요.

늘 응원합니다.

저 또한 더 멋진, 자랑스러운 선배이자 아나운서가 될
수 있도록 노력할게요!!

아자아자 파이팅!!!!! ^v^/

김태은 아나운서

REC ●

5

채용 트렌드,
어떻게 바뀌었을까?

왜 언론고시인가?

언론사 입사 경쟁률이 워낙 세다 보니 '고시'라는 이름이 붙었다. 마치 사법고시, 외무고시, 행정고시처럼 말이다. 물론 정식 국가고시는 아니다. 지망자가 많다 보니 언론사가 인재를 뽑기 위해 여러 단계의 전형을 거치고 시험을 어렵게 내는 경향이 있다.

90년대 중반 이후 신문사나 방송사, 인터넷 매체 등 언론매체가 증가하면서 언론인 지망생들의 선택의 폭이 차츰 넓어지긴 했지만, 최종 합격에 이르기가 쉬운 일은 아니다. 2~3년씩 꾸준히 준비해도 번번이 낙방하는 이들도 적지 않다. 서류와 필기시험은 통과하는데 매번 면접을 통과하지 못하는 안타까운 사례도 많이 봤다. 기필코 언론고시에 붙어 언론인이 되고자 하는 의지가 있다면 나름대로 전략을 세우고 맞춤식으로 준비해야 할 것이다. 그러기 위해서는 최근 언론매체의 채용 동향을 잘 살펴볼 필요가 있다.

각 언론사가 어떤 인재를 원하며 어떤 방식으로 채용하는지를 파악해야 합격선에 가까이 다가갈 수 있다.

023
최근 언론매체 동향의 가장 두드러진 특징은
디지털 미디어 혹은 모바일 미디어로의 전환이다

2011년 조선, 동아, 중앙, 매경이 종합편성 채널이라는 방송사를 설립했던 것은 신문사의 경영난을 타개하고 새로운 시장을 개척하기 위해서였다. 신문이 사양산업이라는 말은 이미 1990년대부터 나왔던 얘기다. 90년대까지만 해도 지하철 전동차 안을 옮겨 다니며 신문을 파는 이들이 있었고, 필자 역시 동전을 주고 사서 읽었던 기억이 있지만 2000년대 들어 이들 신문 판매원은 종적을 감췄다. 어디 그뿐인가. 요즘은 집에서 신문을 구독하는 일반 독자를 찾아보기 어려울 지경이다. 인터넷 포털 사이트를 통해 접할 수 있는 기사가 넘치는 상황에서 돈을 주고 종이신문을 받아볼 필요가 없어졌기 때문이다. 독자가 줄어든다는 것은 그만큼 광고 유치가 어려워진다는 얘기고, 광고 단가가 줄어 경영악화에 빠진다는 얘기다.

거대 신문사들이 종편을 만들어 살길 모색에 나선 이후 최근 중소 규모의 신문사들도 방송 사업에 뛰어들기 시작했다. 한겨레신문이 〈한겨레 TV〉 유튜브 채널을 시작한 것이 대표적 사례이다. 일주일에 2회 생방송을 하는 〈한겨레 TV〉는 구독자가 30

만(2020년 2월 현재)을 넘었다. 기존 방송사들도 온라인 유저들을 잡기 위한 경쟁에 사활을 걸고 있다. SBS가 〈스브스 뉴스〉, 〈비디오머그〉라는 브랜드로 먼저 온라인 미디어 시장에 발을 내디뎠고 MBC도 〈14F〉, 〈엠빅뉴스〉라는 브랜드로 온라인 시청자들을 공략하고 있다. 과거 20퍼센트대를 자랑하던 뉴스데스크 시청률이 4퍼센트대까지 주저앉았으니 이대로 있다간 생존할 수 없다는 위기의식에 사로잡혀 있다.

신문 구독자가 급감한 것처럼 TV 시청자도 급감하고 있다. 안방 또는 거실에서 옹기종기 식구들이 모여 앉아 TV를 시청하던 풍경은 거의 사라졌다. 식구들이 각자 손에 스마트폰을 쥐고 무언가 각기 다른 콘텐츠를 소비하는 시대이다. 집에서뿐 아니라 식당에서도 이런 풍경은 자주 목격된다. 이처럼 미디어 환경이 급변하는 시대에 맞춰 언시생들도 입사전략을 수립해야 한다.

024
언론사(방송사)는 멀티플레이어를 선호한다

최근 언론사는 일인다역의 멀티플레이어를 선호한다는 사실에 주목해야 한다.

취재기자가 취재만 잘하고 기사만 잘 쓰면 되는 시대가 아니다. 스마트폰으로 사진이나 동영상을 촬영하고, 찍은 사진과 영상을 스토리에 맞게 편집하고, 자막과 음향효과를 입혀 하나의 영상 콘텐츠로 만들 줄도 알아야 한다. 당신이 채용 권한을 가진 경영자라면 어떤 사람을 뽑겠는가?

거꾸로 사진기자 또는 카메라기자 지망생의 경우 찍을 줄만 아는 것이 아니라, 촬영한 그림에 자막과 내레이션을 올려 스토리로 구성할 줄 안다면 당신의 부가가치는 배로 올라갈 것이다. 이 역시 채용 권한을 가진 경영자의 입장에서 생각해 보면 답이 나온다.

아나운서 역시 예외가 아니다. 특정 프로그램을 매끄럽게 진행하고 이끌어가는 역량을 가진 아나운서가 현장 취재와 리포트 원고 또는 인터뷰 질문 원고 작성과 같은 일도 덤으로 할 줄 안다면, 나아가 촬영한 인터뷰 영상을 토대로 편집까지 할 줄 아는 멀티플레이어라면 당신의 가치는 더욱 올라갈 것이다.

이러한 멀티플레이어형 인재 채용의 트렌드는 앞으로 더욱 심화될 것이다. PD의 경우도 프로그램 기획과 연출은 기본이고 카메라 촬영과 영상 편집이 기본 역량처럼 여겨지는 시대이다.

025
언론사(방송사)는 포트폴리오를 중시한다

방송사에서 신입 아나운서나 기자, PD를 뽑을 때 동영상 파일 제출을 요구하는 경우가 늘고 있다. 카메라 테스트 또는 어느 정도의 창의성을 보려는 의도가 깔려 있다. 내용과 형식에 있어서 독창적 아이디어와 톡톡 튀는 끼가 요구된다. 경력직이 아니라면 영상의 높은 퀄리티를 요구하지는 않는다. 파일에 담긴 신선한 아이디어가 중시된다.

아나운서의 경우엔 풍기는 인상과 목소리 등 기본적인 것을 파악해 걸러내기 위한 목적이 강하다고 할 수 있다. 경력직 채용의 경우에는 지원자가 진행했던 프로그램, 제작해 방송했던 프로그램, 리포트, 기사, 영상 등을 제출해야 하는 경우가 있다.

기자의 경우라면 자신이 했던 특종 기사, 단독 기사 또는 사회적 파장을 일으켰던 기사를 제출하면 될 것이고 카메라기자라면 드론이나 짐벌, 액션캠과 같은 장비를 활용해 촬영한 영상을 제출해 역량을 부각하면 좋겠다.

아나운서라면 자신이 내세울 만한 프로그램 진행 영상을, PD라면 자신이 기획하고 제작한 대표 프로그램 등을 포트폴리오로 제출하면 될 것이다.

026

글로벌 시대에 걸맞게
외국어를 잘하는 인재를 선호한다

취재를 하든 제작을 하든 해외 출장을 갈 일도 있고 국내에서 외국인 인터뷰를 할 일도 종종 있기 때문이다. 기본 인터뷰는 할 줄 알 만큼의 영어 실력은 갖춰야 하는데, 만약 지원자가 영어를 유창하게 구사할 줄 안다면 큰 가점을 받게 될 것이다. 그래서 해외 유학 또는 연수 경험이 있는 것이 유리하게 작용한다. 외국어 실력뿐 아니라 해외 체류 경험을 통한 글로벌 감각을 익힌 것도 큰 자산으로 평가할 수 있기 때문이다.

해외 연수가 필수는 아니지만, 혹시 대학 재학 중 교환학생의 기회가 있다면 놓치지 말 것을 권하고 싶다.

선배들의 이야기 3

기상캐스터

날씨 정보를 전해주는 기상캐스터도 빼놓을 수 없는 중요
한 방송인이다. 날씨는 현대인의 필수 정보로, 뉴스에 빠
지지 않는 고정 코너다. 과거 90년대 후반까지만 해도 기
상캐스터는 남성의 전유물이었다. 대표적인 인물이 그 유
명한 김동완 기상통보관이다. YTN도 개국 당시 3명의 기
상 기자가 있었다. 필자의 동기들인데 이들이 현재의 기상
캐스터 역할도 맡아 활약했었다. 그러나 요즘은 유일하게
YTN에 남성 기상캐스터 한 명이 있을 뿐 모든 방송사의
기상캐스터는 여성이다. 그리고 대부분 미인이라는 특징
을 가지고 있다. 그래서 날씨 예보를 봤는데 날씨는 생각
나지 않고 캐스터만 생각난다고 말하는 이들도 적지 않다.

기상캐스터들이 전하는 날씨 예보는 현대사회를 살아
가는 우리에게 필수 정보다. 아침에 우산을 들고 가야 할
지, 옷은 두툼하게 입어야 할지, 목도리까지 챙겨야 할지,

세차를 오늘 할지, 주말에 할지, 주말에 나들이를 나가도 될지, 산에 갈 때 아이젠을 챙겨야 할지, 우비를 배낭에 넣어가야 할지 등 판단을 하기 위해선 날씨 정보를 봐야 한다. 농민들과 어민들에게도 날씨 정보는 매우 중요한 정보다. 태풍이 예보된다면 농민은 시설물 관리를 잘해야 할 것이고, 어민은 고기잡이를 포기하고 피항해야 할 것이다. 물론 요즘은 스마트폰으로 검색하면 지역별 자세한 기상정보를 손쉽게 파악할 수 있지만 어쨌든 TV에서 친절하게 알려주는 날씨 정보는 우리에게 큰 도움을 준다.

그럼 기상캐스터가 되려면 어떻게 해야 할까? 기상캐스터만 목표로 준비하는 사람은 많지 않다고 한다. 기본적으로 아나운서를 준비하다가 기상캐스터 쪽으로 방향을 트는 경우가 일반적이라는 것이다. 아무튼 기상캐스터가 되기 위해선 역시 발음, 발성과 같은 기본적인 리딩 역량을 갖춰야 한다. 뿐만 아니라 앉아서 카메라 렌즈를 쳐다보며 방송하는 일반 뉴스 아나운서와 달리 기상캐스터는 블루 스크린 또는 그린 스크린 앞에 선 채로 카메라와 옆에 놓인 모니터를 번갈아 보며 방송해야 하므로 스탠딩 자세와 워킹, 손짓 등이 중시된다. 자연스럽게 걷고 자연스럽게 손으로 가리키는 동작 하나하나에 신경을 써야 하는 것이다.

　TV를 보는 시청자의 눈에는 기상캐스터 뒤에 지도와 함께 맑음, 흐림, 기온 이런 것들이 보이지만 실제로는 새파랗거나 녹색의 스크린만 있다. 날씨 요소가 들어간 CG를 별도로 입히는 것이어서 캐스터는 화면에는 보이지 않는 별도의 모니터에 뜬 날씨 CG를 보면서 방송을 한다. 그러므로 그런 메커니즘을 알고 있어야 하고 익숙해야 한다. 또한 기상 용어를 많이 알고 있어야 한다. 안개의 종류만도 연무, 박무, 해무가 있듯이 평소 보통 사람들이 잘 쓰지 않는 용어들이 많이 등장하기 때문이다.

　방송사들은 기상캐스터를 뽑을 때 어떤 과정을 거칠까? 대개 카메라 테스트와 면접 과정을 거친다. 카메라 테스트에서는 외모와 목소리, 동작을 본다. 외모는 아나운서에 준해서 본다. 하지만 표정은 다르다. 아나운서보다 더 밝은 표정을 지어야 한다. 뉴스는 사건·사고 또는 슬픈 뉴스도 많아 밝은 표정을 지으면 안 되는 경우가 많지만, 날씨는 대부분 밝고 웃는 표정으로 전달하는 경우가 많기 때문이다. 목소리는 발음과 발성이 제대로 되는지를 체크하는데 아나운서와 다른 점은 보이스톤이 좀 더 하이톤이어야 한다는 것이다. 표정은 밝게 목소리 톤은 높게.

카메라 테스트에서 블루 스크린 또는 그린 스크린에서 날씨 방송을 해 보라는 주문을 하는 경우도 있다. SBS는 기상 CG를 주고 날씨 원고를 써 보라고 하는 경우도 있다고 한다. YTN은 날씨 상황을 주고 가상으로 날씨 방송을 해 보라고 하기도 한다. 이를테면 태풍이 제주도를 거쳐 목포에 상륙해 강릉 동해안으로 빠져나간다는 걸 가정하고 날씨 방송을 즉석에서 해 보라는 식이다. 그러니 평소 날씨 방송을 할 줄 알아야 한다. 모르고 있다간 한숨만 쉬고 낭패 보기 십상이다.

방송아카데미에서 이런 요령을 배워두면 큰 도움이 된다. 많은 지망생들이 아카데미를 다니고 특강을 듣는 이유가 바로 이 때문이다. 또한 혼자서 준비할 때 막막해하던 지망생들이 같은 목표를 가진 이들을 만나면서 많은 정보를 얻기 때문에 스터디를 하거나 특강, 학원 등을 찾는 것이다. 합격자의 후기를 보는 것만으로도 큰 도움이 된다고 하는 이들도 많다.

기상기사 자격증을 갖고 있으면 유리하다. 기상관련 전문서적을 읽으며 열심히 공부해야 딸 수 있는 것이지만, 그리고 날씨를 예보할 수 있도록 해주는 전문 자격증이라 굳이 캐스터가 따야 하는 것은 아니지만 도움은 된다. 보통의 방송사라면 자격증이 없는 사람보다는 있는 사람을 뽑을 가능성이 높다. 그것이 역량을 뒷받침하는 하나의 스펙으로 작용하는 것이다. 실제로 요즘에는 기상캐스터를 준비하는 사람 중에 기상기사 자격증 소지자가 제법 있다고 한다. 실제 한 기상캐스터는 면접에서 "대학에서 대기과학을 전공한 데다 기상기사 자격증까지 땄고 기상캐스터가 되기 위한 외길을 걸었다."라고 어필해 기상청 기상캐스터에 합격했다고 말했다.

면접은 아나운서 면접과 별반 다르지 않다. 날씨 원고를 주고 읽어보라는 리딩 테스트가 동시에 이뤄지기도 한다. 한여름 야외 수영장이라고 생각하고 날씨 방송을 해 보라거나 봄철 벚꽃축제에 나가 야외 현장 중계라고 생각하고 날씨 방송을 해 보라는 등 즉석 중계를 주문하기도 한다. 그 외에 지방의 경우 지방에서 오래 근무할 수 있는지, 새벽 근무나 심야 근무가 가능한지 등의 질문도 나온다. 아침 뉴스나 마감 뉴스의 방송 참여가 가능하냐를 묻는 것이다.

카메라 테스트나 면접을 보러 갈 때는 의상 색깔을 잘 골라야 한다. 앞서 말한 것처럼 블루 또는 그린 스크린 앞에서 날씨 방송을 하라는 주문이 있을 수 있기 때문이다.

블루 스크린의 경우 파란색 옷을 입어선 안 된다. 투명 인간이 된다. 그린 스크린의 경우에 녹색 스커트를 입으면 하체가 사라진 채 화면에 나온다. 블루·그린 스크린을 이용한 방송은 사람 뒤 배경을 다른 화면으로 쓰기 위해 사용하는 것이다. 전문 방송 용어로 '크로마키'를 뺀다고 하는데, 이런 것까지 염두에 두고 면접을 보러 갈 때는 녹색과 파란색이 들어간 의상을 절대 입어선 안 된다.

날씨 원고는 어느 정도 틀이 잡혀 있기 때문에 적응하면 쉽게 쓸 수 있다. "내일은 하루 종일 맑다가 오후 늦게 전국적으로 봄비가 내리겠습니다." 이런 식의 특징 있는 리드 멘트를 주고, 이어서 예상 강수량, 기온, 미세먼지 등 필수로 담아야 할 정보를 채워주면 된다. 현직 기상캐스터의 말로는 입사 후 선배한테 1~2주일만 배우면 스스로 원고를 작성할 수 있게 된다고 할 정도이다. 사실 기사 쓰는 일은 간단하지 않다. 워낙 기사의 종류가 다양하고 모든 기사가 다 다른 팩트를 갖고 쓰는 것이므로. 그런데 날씨 기사는 몇 가지 한정된 유형이 있고 흐름의 틀이 정해져 있기 때문에 비교적 쉽게 적응할 수 있다고 한다.

스튜디오 방송과 야외 현장 중계방송은 약간의 차이가 있다.

첫째. 야외 방송의 경우 현장 스케치가 들어간다. 가령 한여름 청계천에서 날씨 중계를 한다고 치면, "이곳 청계천에는 뜨거운 태양이 내리쬐는 한여름 폭염을 피해 모여든 시민들이 더위를 식히고 있습니다." 이런 식의 현장 스케치가 들어가는 것이다.

둘째, 프롬프터가 없다. 스튜디오에서의 방송이라면 카메라 렌즈에 비친 원고를 읽으면 되지만, 야외에선 프롬프터 없이 방송해야 한다. 보통의 기자들은 종이 원고 또는 스마트폰을 들고 원고를 보며 방송을 하지만 캐스터들은 대개 외워서 한다. 앞부분 몇 문장만 현장 스케치이고 나머지는 정해진 틀 안에서의 날씨 정보 패턴이라서 잘 외워지는 것 같다. 지역별 기온 정도의 주요 내용만 메모했다가 활용하는 경우가 많다.

셋째, 야외 방송은 구경꾼들이 많다. 미모의 캐스터가 카메라 앞에서 방송 준비를 하고 있노라면 아무래도 주변 사람들의 시선을 받게 마련이다. 청계천이든, 한강 야외 수영장이든, 서울대공원이든 많은 사람들의 주목을 받게 되면 긴장하기 마련이다. 물론 경험 많은 캐스터들은 오히려 자신에게 관심을 가져주는 행인들 때문에 힘이 솟구친다고 말하기도 한다.

넷째, 의상이 다르다. 야외라면 야외 분위기에 맞는 의상을 입어야 한다. 한겨울 추운 곳에서 날씨를 전할 경우엔 두툼한 외투에 귀마개, 털모자, 목도리. 한여름 수영장에선 민소매에 반바지 등 날씨와 현장에 어울리는 의상이 필요하다.

날씨를 전하다 보면 보람도 느낀다. 한 캐스터는 세월호 사건 때 진도 앞바다의 날씨를 구체적으로 전했던 것을 보람 있었던 방송으로 꼽았다. 맑은지, 비가 오는지, 기온과 더불어 수온은 어떤지, 유속은 어떤지, 이런 정보들이 수색 작업을 하는 잠수사들에게 큰 도움이 된다고 생각하니 뿌듯했다는 것이다.

기상캐스터의 보수는 얼마나 될까? 프리랜서이기 때문에 방송 회당 출연료 형식으로 받는 경우가 일반적이다. 하지만 날씨 방송을 자주 하는 곳은 정해진 월급제가 보통이다. 방송사마다 다르지만 보통 회당 5~10만 원 선으로 알려져 있다. 여기에 야외 중계는 별도의 수당이 붙기도 한다.

계약은 6개월~1년 단위로 갱신하는 경우가 많다고 한다. 프리랜서이기에 기상캐스터 외의 다른 일도 겸직할 수 있다. 리포터나 모델, 인터넷방송 진행자, 행사 MC 등의 일을 병행하는 이들도 있다. 능력껏 '더블잡'을 뛰는 것이다. 물론 그만큼 능력이 있어야 되겠지만 말이다.

송예림 전 포항 MBC 기상캐스터는 캐스터 지망생들에게 이런 말을 하고 싶다고 했다.

"기상캐스터가 되기 위한 길이 좁아 보이지만 포기하지 않고 열망을 갖고 꾸준히 준비하고 노력하면 반드시 방송의 기회가 옵니다. 저의 경우도 그렇고 제 주변 사람들도 다 그렇더라고요."

REC ●

6

자기소개 동영상으로
어필하자

요즘은 동영상을 쉽게 제작해 전송할 수 있는 시대여서 방송사에서 1차 전형에서 동영상 제출을 요구하는 경우가 많다. 지원자가 보낸 영상을 보고 1차로 가능성 여부를 판단하겠다는 것이다. 대체로 자기소개를 1분에서 3분 사이에 해 보라거나 뉴스 기사를 골라서 읽어보라는 식이다.

JTBC의 경우엔 앵커 브리핑을 동영상으로 제작하라고 하기도 한다. 방송사에 따라 전문가의 힘을 빌리지 말고 스마트폰을 이용해 스스로 제작하라는 단서가 붙기도 하지만, 별다른 주문이 없을 경우엔 돈을 주고 스튜디오에서 촬영하는 지원자도 많다고 한다. 스튜디오에서 괜찮은 배경, 조명과 좋은 카메라를 이용하고 약간의 '뽀샵' 효과를 넣어 제작하는 경우가 있다고 하니 그렇게 한 지원자와 혼자서 제작한 지원자의 동영상 품질은 당연히 다를 것이다.

필자는 공정한 게임이 아니라고 본다. 그래서 필자는 동영상에 담을 내용과 형식에 대해서 말하고자 한다.

027
자기소개 동영상 제작 꿀팁 열 가지

방송사에서 자기소개 동영상을 요구하는 이유는 카메라 테스트에 준하는 효과가 있기 때문이다. 다시 말해 지원자의 오디오와 비디오를 보고 아나운서에 적합한지를 판단하며 자기소개 내용을 보고 인성, 성격, 특징 등을 파악하려는 것이다.

따라서 이를 통과하기 위해서는 기본적으로 갖춰야 할 것이 있다.

1 비디오, 즉 외모가 신뢰감을 주는 호감형(혹은 준수하고 매력적이며 정감 가는 스타일)
2 표준어 구사
3 혀 짧은 발음이나 쉰 소리가 아닌 듣기 편안한 음색
4 자신 있으면서도 겸손함이 묻어나는 어투

위 네 가지 사항은 기본 중의 기본이므로 이 부분에 자신 있는 지원자들은 많으리라 믿는다.

그 외에

5 살짝 미소를 띤 밝은 표정

6 적절한 제스처

너무 딱딱하거나 어두운 표정은 거부감이 들고 아무런 동작 없이 가만히 입술만 움직이며 이야기하는 것은 부자연스럽고 긴장한 모습으로 비치기 때문이다. 채점하는 사람들은 이런 기본적인 것을 우선 보고 걸러낼 것이다.

그다음은 이야기의 내용이다. 여기서부터가 진짜 중요하다.

7 자신의 장점을 최대한 부각해라

자신이 남들보다 잘하는 것을 확실하게 부각해서 채점자의 눈길을 끌어야 한다. 외국어를 잘한다면 외국어 몇 마디를 임팩트 있게 도입부에 던져라. 영어는 발음이 중요하다. 서툰 콩글리시 발음이라면 하지 않는 게 낫다. 발음이 원어민에 가까운 수준이라면 간단하게 한 마디 던져보자. 영어 외의 다른 외국어까지 구사할 줄 안다면 더 좋다. 중국어, 일본어, 스페인어, 러시아어, 불어 등 무엇이라도 좋다. 영어 한마디, 제2외국어 한마디를 잇달아 던진다면 관심을 끄는데 일단 성공할 것이다.

노래를 잘한다면 가장 자신 있는 노래의 한 소절을 불러보자. 뜬금없다고 생각할지 모르지만 다른 지원자와 차별적으로 자신을 부각시킬 수 있는 방법 중 하나다. 누군가의 성대모사도 채점자의 눈길을 끌 것이다. 대중들이 잘 아는 정치인이나 연예인의 목소리를 잘 흉내 낸다면 면접관들의 호감을 살 것이다.

8 자신을 표현하는 독특하고 끼 있는 표현을 만들어서 사용하라

"저를 뽑아주신다면 알람 시계 같은 아나운서가 되겠습니다. 매일 같은 시각 시청자들과 함께 하는 알람 아나운서가 돼 알토란 같은 정보를 전달하겠습니다."

"저는 회사의 산소 같은 존재가 되겠습니다. 조직원과의 호흡, 시청자들과의 호흡에 꼭 필요한 아나운서가 되겠습니다."

"이 방송사 아나운서가 되고자 하는 제 마음을 네 글자로 표현하면 구사일생입니다. 구구절절 원하고 사랑하고 일편단심 오로지 ○○○ 아나운서만 생각하고 있습니다."

뭐든 좋다. 톡톡 튀는 스타일로 자신만의 창의성을 발휘해 귀에 꽂히는 표현을 만들어보자. 채점자들의 눈과 귀를 사로잡아야 다음 단계로 올라갈 것이다.

9 지원한 방송사의 특정 프로그램 시청률 향상 방안을 제시하라

자신이 맡고 싶은 프로그램을 정하고 그 프로그램을 진행하게 되면 어떤 방식으로 더 많은 시청자들을 끌어들일 것인지, 번뜩이는 아이디어를 제시하라. 혁신적인 아이디어를 제시한다면 당신은 당장 합격선 코앞까지 갈 것이다.

"제가 저녁 메인 뉴스 진행을 맡게 된다면 댓글 톱 5 코너를 만들어서 전날 뉴스 댓글 중 가장 댓글이 많이 달린 아이템과 주요 댓글을 소개하는 코너를 만들어서 젊은 뉴스 소비자들과의 소통하는 모습을 보여줌으로써 시청률과 뉴스 콘텐츠 조회 수를 높이도록 하겠습니다."

이 정도면 어떨까? 여러분들의 창의적 아이디어를 기대해 본다.

10 지원 방송사에 대해 공부하고 특장점을 높이 평가하며 그것 때문에 꼭 입사하고자 하는 의지를 피력하라

채점자들은 지원자가 자사에 대해 잘 알고 있는 만큼 사전에 공부가 돼 있다는 것을 알게 되면 높이 평가한다. 경영철학이 뭔지, 최근 프로그램 개편의 특징은 무엇인지, 세간에 화제가 된 것은 무엇인지, 대표이사 이름이 무엇인지를 알고 있다면 평가자는 "이 사람 사전에 공부 좀 했는데" 하고 긍정적으로 생각할 것이다. 물론 부정적 이야기를 할 필요는 없다. 긍정적인 점을 잘 파악하고 있음을 드러내고 그런 장점 때문에 꼭 들어가고 싶다는 의지를 밝히면 좋겠다.

"최근 시청자들과 직접 소통하는 방식이 새로 도입된 낮 뉴스를 봤습니다. 실시간 전화 연결로 이슈에 대한 질문과 의견을 듣고 전문가들도 연결해 토론하는 코너는 무척 신선하게 느꼈습니다. 이처럼 늘 변화와 새로움을 추구하는 방송에 저도 함께하고 싶습니다. 저도 늘 참신한 아이디어를 발굴하는데 일조하고 싶습니다."

위에 언급한 열 가지 팁은 사실, 면접에서도 동일하게 적용되는 팁이다. 동영상에서 톡톡 튀는 몇 가지를 담으면 채점자의 눈에 띌 것이다. 그렇게 통과돼 면접에 가게 되면 면접관들은 그 영상 내용 중 독특했던 걸 가지고 추가 질문을 할 것이다. 그러면 준비된 당신은 면접을 당신 주도로 이끌어나갈 수 있을 것이다.

028

자기소개 동영상 제작을 위한 디테일 1.
세 가지 키워드를 뽑아라

자신의 강점, 지원한 방송사와 자신이 잘 맞는다는 점, 입사 후
포부 이런 것들을 세 가지 키워드로 압축해 자막과 멘트로 처리
하라.

예를 들어

'뜨거운 열정과 패기의 소유자'

'화술 뛰어난 소통 공감 능력자'

'보도국장하고 사장하는 게 목표'

등 자신의 장점을 명료하게 내세우면서 약간은 도전적이고
도발적인 문구로 눈길을 끌어보자. 밋밋한 자막은 관심을 끌 수
없다.

029

자기소개 동영상 제작을 위한 디테일 2.
영화 예고편처럼 임팩트 있게 만들어라

기왕 만들 거면 영화 예고편을 만들 듯, 임팩트 있게 만들어라.
자신이 살아온 과정을 필름처럼 보여주는 방식도 좋다.

어릴 때 가족들과 함께한 사진, 중·고교 시절 수학여행, 대
학 MT나 동아리 활동, 해외 연수나 배낭여행, 알바 등등의 자
신의 삶을 압축해 보여줄 수 있는 사진이나 동영상을 잘 편집하
고 어울리는 음악과 함께 자신이 내세우고 싶은 자막을 입혀서
편집해 보라.

역경과 고난의 경험, 그것을 극복하고 성장한 점, 남들과 잘
어울리는 모습, 활달하고 적극적이며 긍정적인 사고의 소유자
라는 것을 영상으로 보여줘라.

030

자기소개 동영상 제작을 위한 디테일 3.
나만의 스토리텔링을 담아라

앞서 언급한 것처럼 사진이나 영상으로 자신의 생애를 압축해 보여주는 것도 스토리텔링이다.

사진과 영상을 많이 쓰지 않거나 전혀 쓰지 않고 이야기만 하는 장면을 찍어서 영상을 만들더라도 당신 이야기에 유니크한 스토리가 담겨야 한다. 남들과 다른 경험, 특이하게 겪었던 에피소드, 이 회사를 지원하게 된 특별한 동기, 이 회사가 나를 뽑아야 하는 이유와 연관된 것이라면 더 좋다.

외국인 이성 친구를 사귄 경험, 중남미나 아프리카 오지를 여행하며 현지 풍토병에 걸렸던 에피소드, 쪽방촌 어르신 돕기 봉사활동 경험을 통해 사회 불평등 문제 해소를 위해 일조해야 겠다고 결심한 이야기, 이런 이야기들로 구성해 보라.

031
자기소개 동영상 제작을 위한 디테일 4.
표정과 손짓으로 이야기하라

입만 벙긋거리며 말하지 마라. 잔뜩 긴장한 모습은 점수를 얻지 못한다. 자연스럽고 활달하게 미소 짓고, 때로는 껄껄껄 웃어도 좋다. 양쪽 어깨를 올리거나 손바닥을 가슴 높이만큼 올려 보이거나, 검지를 관자놀이에 대거나 자신이 하는 말과 어울리는 동작을 보태라.

눈빛도 중요하다. 게슴츠레한 눈빛 말고 말똥말똥 살아있는, 생기 넘치는 눈빛으로 카메라를 쳐다보라. 가끔은 다른 곳을 쳐다봐도 좋다.

자연스럽고 활발한 액션이 곁들여져야 한다.

032

자기소개 동영상 제작을 위한 디테일 5.
궁금증을 유발하도록 여운을 남겨라

"대리기사 알바를 했던 경험을 토대로 회사에 도움이 되는 일을 하겠다."라고 한다면 나중에 면접 때 묻게 될 것이다.

"대리기사 알바를 했다고요?"

"대리기사 경험이 우리 회사에 어떤 도움이 되죠?"

그럼 당신은 준비된 답변을 하면 된다. 이것이 자기 주도형 면접을 만드는 지름길이다.

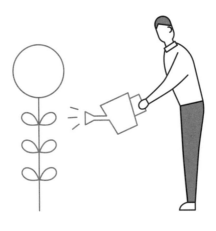

7

언시생들이 궁금해하는
스물일곱 가지 질문

033

신방과를 나와야 하나요?

아나운서, PD, 기자가 되려면 신방과를 나와야 하느냐는 질문을 가끔 받는다.

답은 아니다.

실제로 기자, 아나운서, PD 중에 신방과 졸업생의 비율은 매우 적다. 물론 이과는 적고 문과가 대다수다. 국문과나 영문과와 같이 어문계열도 있고 정치외교학, 사회학, 철학, 사학 또는 경제학, 경영학 등 다양하다. 언론인은 전공을 잘 활용할 경우도 있지만, 꼭 그렇지는 않기 때문에 전공에 특별히 구애받을 일은 없다.

034

고등학생입니다. 기자가 되기 위해서 미리 준비할 사항으로 어떤 것이 있을까요?

고등학생이라면 먼저 학교 방송국 활동을 하는 걸 추천한다. 방송에 대한 기본적인 메커니즘을 이해할 수 있는 좋은 방법이기 때문이다. 자소서에 한 줄 쓰는 것에도 도움이 된다.

둘째, 유튜브 채널을 만들어 콘텐츠 제작을 해 보라. 스마트폰으로 영상을 찍고 앱으로 영상을 편집해서 업로드해 보는 것이다. 주제나 형식은 본인이 가능한 것으로 선택해서 일단 해보는 것이 중요하다. 영상과 친숙해지는 것이 나중에 방송 일을할 때 큰 도움이 된다.

셋째, 뉴스를 보는 것이 좋다. 매일 볼 필요는 없지만, 일주일에 한두 번은 보자. 꼭 TV로 보지 않아도 된다. 인터넷으로 뉴스 꼭지를 볼 수도 있다. TV 뉴스뿐 아니라 신문 기사도 정기적으로 읽어보자. 기사와 친해져야 나중에 기자로 일할 때 빨리 적응할 수 있다. 물론 입사시험에도 도움이 된다.

035

복전을 어디로 할지 고민 중입니다. PD는 전공이 그렇게 중요하지 않다는데 하고 싶은 걸 해도 될까요?

요즘은 복수 전공을 하는 학생들이 많은 것 같다. 30년 전에는 부전공을 하는 경우는 간혹 있어도 복수 전공을 하는 경우는 거의 보지 못했는데 말이다.

PD가 되려면 무엇을 전공해야 할까? 신문방송학? 정답은 없다. 기자와 마찬가지로 현직 PD 중에 신방과 출신이 많지는 않다. PD들의 전공 분야도 다양하다. 교양 PD든 예능 PD든 드라마 PD든 뉴스 PD든 특별히 대학 때 특정 학문을 전공해야 한다는 원칙은 없다. 신문방송학(미디어커뮤니케이션학)을 전공하는 경우엔 아무래도 현업에 도움이 되긴 하겠지만 꼭 필요하다고는 할 수 없다. 질문 그대로 전공은 그다지 중요하지 않다. 대학 때는 자신이 하고 싶은 공부를 하면 된다. 너무 전공에 구애받을 필요는 없다.

036
낮은 학점을 커버하기 위해서는 어떤 능력이 중요하다고 생각하시나요?

"학점은 4.5 만점에 2.9점입니다. ㅠㅠ"

글쎄, 학점은 일단 성실도를 측정하는 기본적인 기준이다. 앞에서도 얘기한 것처럼 성적순으로 자르지는 않는다. 다만 성적이 평균보다 많이 떨어질 경우에는 '아, 이 사람은 성실하지 않은가 보다'라고 판단할 가능성이 매우 크다는 것이다.

다시 말하면 성적이 나쁜 대신 대학 때 봉사활동을 했다든가, 좋은 성적을 받는 대신 특이한 다른 일을 했다는 것을 부각할 만한 것이 있으면 좋다. 요즘도 있는지 모르겠지만 형편이 어려운 중·고등학생들을 밤에 가르치는 일을 하다가 학교 시험 공부를 제대로 못해 성적을 잘 받지 못했다는 점을 어필하는 것도 방법일 것이다.

037

영어를 잘해야 하는 이유는 뭘까요?

영어 시험이 필수인지, 토익은 몇 점 이상이어야 하는지 같은 질문을 받는 경우가 있다. 사실 모든 기자들이 영어를 유창하게 해야 하는 건 아니다. 그럼에도 불구하고 영어 역량을 평가하는 것은 공통된 기준으로 활용하기 위해서라고 생각한다. 누구든지 영어는 공부하기 때문에 성실도를 측정하는 하나의 기준이 될 수 있는 것이다.

또 다른 이유로는 실제 영어는 세계 공용어라는 점을 들 수 있다. 해외 주재를 한다든지 국내에 있는 외국인을 인터뷰한다든지 할 때에 필요한 언어이므로 기본적으로 영어 평가를 하는 것이다. 만약 영어 대신에 다른 언어를 원어민처럼 할 수 있다면 그게 보완재로 작용할 수도 있다.

038

서류에서 몇 명 뽑고 필기에서 몇 명 뽑나요? 면접에서는?

정해진 것은 없다. 규모가 큰 주요 신문사와 방송사는 공채 기수들을 유지하기 위해 매년 일정 인원을 채용한다. 보통 서류에서 10배수, 필기에서 5배수를 뽑고 면접에서 최종 선발한다. 당연한 이야기지만 서류를 통과하는 것이 첫 번째 관문이다. 서류 전형은 입사지원서(이력서)와 자기소개서, 토익 성적증명서 정도인데 여기서 언론사별로 원하는 인재상을 고르게 된다. 어느 대학을 나왔는지, 대학 성적은 어땠는지, 어떤 경력을 가졌는지, 어떤 경험을 했는지, 영어는 어느 정도인지 등을 보고 합격자와 탈락자로 나누게 된다.

2차 관문은 필기시험이다. 대체로 상식과 논술 고사가 치러진다. 상식은 시사 상식을 얼마나 갖추고 있는지를 평가하는 시험이다. 아나운서, PD, 기자로서 기본적으로 갖춰야 할 상식을 평가하는 것인데 상대 평가이므로 성적이 우수해야 통과할 수 있다. 여기서 좋은 점수를 받지 못하면 면접까지 가기 어렵다.

3차 관문은 면접이다. 앞서 밝힌 꿀팁처럼 밝은 인상, 겸손하면서도 적극적인 태도, 솔직하면서도 확고한 신념, 자신의 강점을 설득력 있게 잘 어필하는 것이 무엇보다 중요하다.

039
특이 전공자는 면접에서 불리한가요?

사실 필자 주변에는 문과 출신이 대부분이다. 이과 출신은 드물다. 필자의 언론사 동기나 바로 위아래 선배들을 중심으로 볼 때 그렇다는 얘기다. 그런데 특이하게 토목공학과 출신도 있고, 의대 출신도 있다. 간혹 생물학과 같은 특이한 이과 출신도 있었다. 요즘 YTN에서 데이터 저널리즘으로 이름을 알리고 있는 함형건 기자가 입사 동기인데 건축공학과인가 토목공학과 출신이다. 통번역대학원을 나와 영어 실력도 뛰어나다.

　의대 출신의 실제 의사가 기자가 되는 경우도 있다. 현재 동아일보의 이진한 기자도 의대를 나왔다. 신문에 기사를 쓰면서 채널A 의학 프로그램에도 출연한다. SBS, KBS, MBC에도 의사 출신 의학전문기자들이 포진해 있다. 소수이긴 하지만 의사보다 기자가 좋다고 하는 경우다. 의학전문기자가 되어 의학 뉴스나 보건 관련 뉴스를 취재해 보도하는 역할을 한다.

040

약대 출신 언시생이 면접마다 떨어졌는데, "전공이나 살리지 뭣하러 왔냐?"라는 질문을 받았다고 합니다

"저 역시 전공이 특이해 같은 질문을 받았고, 어떤 대답을 해도 면접관들이 전혀 들어주지 않는다는 인상을 받았습니다. 어떻게 해야 할까요?"

의대 출신이 기자가 되겠다고 하거나 약대 출신이 기자를 하겠다고 하는 것이 특이하게 비치는 건 사실이다. 때문에 의아하게 생각하는 면접관이 그렇게 질문하는 경우도 있을 수 있다. 물론 갑질하듯 공격적으로 질문하는 것을 용납한다는 뜻은 아니다. 면접관 경험자로서 유감이다. 요즘은 응시생들이 면접관에 대한 평가를 내리고 인터넷에 확산시키는 사례가 있어 차별적 질문이나 공격적 질문은 하지 않도록 회사 인사팀으로부터 사전에 요청을 받기 때문에 공격적인 질문은 삼가는 추세다.

어쨌든 의대 졸업생이나 특이한 전공자가 언론사에 지원하는 경우, 면접관들이 호기심을 갖고 물어볼 수 있다. 또는 과연 해당 응시생이 언론사 생활을 오래 할 수 있을 것인가 의구심을 가질 수도 있을 것이다. 때문에 방법은 지원한 직업에 대한 절실함을 보여주는 것 밖에 없다. 본인이 무엇을 전공했든 간에 아나운서나 기자, PD라는 직업을 택했다면 면접관들에게 강력하게 어필해야 한다. 되고 싶은 이유를 설득력 있게 설명하고, 되고자 하는 뜨거운 열망을 잘 전달한다면 면접관들이 의구심을 떨쳐버릴 것이다.

권력을 감시·견제하고 사회를 올바른 방향으로 바꿔가는 사람이 되기 위해 기자가 되고자 한다, 약대를 나왔으니 그 분야에서 의약분업이나 제약회사의 유통 비리, 질병 보건 분야에서 다른 전공자들보다 더 전문성을 발휘해 취재할 수 있다는 점을 부각하면 면접관들의 관심을 끌지 않을까?

면접관을 8년간 해 본 필자는 특별히 특이 전공자를 배척한 적도 없었고, 그런 걸 목격한 적도 없다. 다만 특이한 전공을 한 사람이 언론에 대해서 제대로 된 사명감을 갖고 있지 않거나 언론의 기능을 잘 이해하지 못하고 있다면 당연히 탈락시킬 것이다. 그러니까 전공이 일반적이지 않다 하더라도 언론인으로서 충분히 권력을 견제하고 감시하고 국민의 알 권리를 보장하겠다는 사명감을 갖고 이 사회의 민주주의 발전을 위해 노력하는 언론인이 되겠다는 자신의 생각을 인상 깊게 설명하면 면접관들의 마음을 움직일 수 있을 것이다.

041

아나운서 경력은 이력서와 자기소개서에 어필하지 않는 게 나을까요?

"아나운서 경력이 있으면 플러스가 될 수 있다고 하셨는데, 오히려 아나운서 되려고 하는 거 아닌가?라고 반문하더라고요."

그럴 수도 있다. 아나운서 경험이 있는 사람이 기자를 하겠다고 하면 결국은 뉴스 앵커가 목표 아니냐, 취재하고 기사 쓰는 기자보다는 방송 진행을 하는 앵커가 되고 싶은 것 아니냐, 면접관이 이렇게 생각할 수도 있다. 그러니까 기자보다는 뉴스 앵커가 되고자 해서 입사해놓고 기자 직무에 적응하거나 만족하지 못한 채 얼마 안 돼 회사를 그만두지는 않을까 염려하는 것이다.

하지만 아나운서 경험을 바탕으로 취재하고 기사 쓰는 기자가 더 좋다, 그런 경험을 살려서 방송을 더 잘할 수 있다, 출연도 현장 중계도 인터뷰도 리포트 제작도 아나운서 경험을 잘 살려서 다른 기자보다 더 잘할 수 있다고 자신감을 드러내면 확실히 장점으로 작용할 것이다.

042

아나운서를 지원하려는데 학교는 서울 중위권이고 학점이 많이 안 좋습니다. 학점은 블라인드가 아닌가요?

대학이 서울 중위권인 점은 100퍼센트 OK. 하지만 학점이 블라인드냐는 질문에 대한 답은 필자가 아는 한 "아니다"이다. 학점이 많이 안 좋다고 했는데, 필자가 언급했던 것처럼 2.3 미만인가? 2.3~2.7 정도의 학점은 아나운서로서의 역량을 빼어나게 발휘할 수 있을 것이란 믿음을 면접관들에게 줄 수 있다면 괜찮다.

그런데 2.3 미만이라면 역시 앞서 밝힌 대로 성실성 측면에서 점수가 깎인다고 봐야 할 것이다. 그러니 평소 학점 관리는 해 두는 게 기본이다. D를 맞느니 교수님께 F를 달라고 하고 재수강을 하는 게 낫지 않을까?

043
방송사 인턴 경험이 신문사 지원에도 도움이 되나요?

"바로 공채를 준비하는 것보다 인턴직 경험하는 게 더 유리할까요?"

인턴은 우리말로 수습생 또는 실습생이다. 그런데 인턴사원을 실제로 수습생, 실습생처럼 일하며 배우는 직원으로 활용하는 언론사가 얼마나 있을지 궁금하다. 실제 필자의 경우도 인턴기자를 받은 적이 있는데 사실 제대로 일을 시키기 어려운 구조였다. 취재를 시키자니 취재 요령을 모르고, 허드렛일을 시키자니 나중에 원망을 들을까 걱정이 앞섰다. 그래서 내가 관할하는 부서 기자와 동행해서 취재하는 것을 옆에서 보게 하고 기사를 써 보게 하고 리포트를 제작해 보게 한 정도로 인턴 기간을 마치게 했던 것으로 기억한다.

아마 그 인턴기자는 인턴 기간에 크게 배우지 못한 채 시간만 보냈다고 속으로 불평을 늘어놓았을지도 모른다. 지금 언급한 내용은 필자의 개인적 경험에 따른 판단이어서 일반화할 수는 없다. 다만 인턴직을 했다고 해서, 마치 경력을 인정해 주기를 기대하기는 어렵다는 게 내 의견이다.

물론 한 달이고 석 달이고 인턴기자를 경험했다는 것은 안

했던 것보다는 당연히 낫다. 방송사든 신문사든 회사 분위기도 익힐 수 있고 방송 뉴스가 제작되는 과정, 신문이 제작되는 과정을 알 수 있으니 말이다. 운 좋게 좋은 부서장과 선배 기자를 만나면 제대로 취재하고 기사를 쓰는 요령도 배울 수 있다. 그러니 인턴 경험이 언론사 생활에 도움이 되는 것은 맞다. 그러나 반드시 인턴을 필수로 하고 이후에 언론사 공채 시험을 준비할 필요는 없다. 인턴을 거치지 않고 곧바로 언론사에 들어가도 적응하는 데는 지장이 없을 테니까. 인턴을 했다고 해서 적응을 잘하고 안 했다고 적응을 못 하는 일은 없다고 본다.

그런데 위의 질문처럼 방송사 인턴 경험이 신문사 지원에 도움이 되느냐는 질문에 대해 필자는 크게 도움이 되지 않는다고 답하겠다. 우선 방송사와 신문사는 제작의 메커니즘이 다른데 그 이유가 있고, 두 번째로 방송사든 신문사든 인턴을 했다고 해서 채용에 우선순위를 두는 면접관이 그리 많지는 않을 것이란 생각 때문이다.

오히려 인턴만 여기저기서 오래 한 지원자의 경우 마이너스 점수를 받을 수도 있다. "이 사람은 왜 이렇게 인턴을 많이 한 거야? 웬만하면 그냥 들어가지?"라고 생각하는 면접관도 제법 있을지 모른다.

거듭 강조하건대 필자의 의견이 모든 면접관들의 의견을 대변하는 것은 아니다. 다만 인턴 경험이 채용에 도움이 된다는 생각에 인턴기자를 반드시 해야 한다는 생각은 안 하는 게 좋겠다. 뜻이 있다면 언론사 입시를 본격적으로 준비하고 오히려 학교 재학 중에 학점도 이수할 수 있는 인턴 과정이 있다면 한 번쯤 도전해 보라. 아나운서(또는 기자, PD)라는 직업에 대해 막연히 생각하는 것보다는 잘 알 수 있을 것이고, 언론사 분위기를 파악하는 데도 분명 도움이 될 것이다.

044

석사과정과 병행해서 프리랜서 방송작가, 파견직 AD 경험을 했는데 자소서에 적지 않는 게 좋을까요?

상당히 고민되는 질문이다. 아나운서(또는 기자, PD) 직무를 수행하는 데 방송작가 경험과 AD 경험을 가진 게 도움이 되는가? 이 질문에 나는 당연히 도움이 된다고 답하고 싶다.

방송작가라 하면 아마도 시사 프로그램 작가를 말하는 것으로 보이는데(설마 방송·연속극 작가나 다큐멘터리 작가는 아니겠지), 그렇다면 그 직업은 시사에 대한 관심과 지식을 필요로 하는 것이고, 나아가 실제 업무로 그 분야에서 관련 정보를 다뤘다면 아나운서(또는 기자, PD) 직무를 수행하는 데 있어 크게 도움이 될 것이기 때문이다. AD 경험도 마찬가지다. AD라면 PD를 도와 프로그램 연출에 관여하고 자료화면을 편집하고 준비하는 역할로 생방송이든 녹화방송이든 프로그램 진행에 있어 특정 역할을 하는 것이기 때문이다. 방송기자라고 취재부서에만 있는 것은 아니다. 편집부에 발령받으면 뉴스나 시사프로그램 제작에 투입되기도 하고, 특히 앵커의 기회가 주어지는 경우도 있을 수 있다. 그럴 때 AD 경험은 적지 않은 도움이 될 것이다.

그러나 방송작가, AD 경험이 기자 직무를 수행하는 데 도움이 되는 것은 사실이지만 이력서나 자소서에 그 내용을 쓰는 것이 유리한가는 별개의 문제다. 면접관 입장에서는 기자 지망생이 왜 프리랜서 방송작가나 AD를 했는지 궁금해할 수 있다. 일반적으로 언론사 취업을 준비하는 사람의 경우에 흔하게 있는 일이 아니기 때문이다. 따라서 관련 경험이 자신이 지원한 언론사에 도움이 될 것인지 먼저 따져볼 필요가 있다. 예를 들어 신문사라면 굳이 방송작가나 AD 경험이 크게 도움이 된다는 평가는 내려지지 않을 것이다. 하지만 방송사라면 그런 경험이 방송기자 직무에 도움이 된다는 사실을 부인할 사람은 없을 것이다.

물론, 불필요한 오해를 사지 않도록 상세한 설명은 필요하다. 자신이 언론사 입사를 준비하면서 방송작가와 AD 경험을 쌓게 된 이유를 나름의 논리로 포장해야 한다. 예를 들어 "대학 졸업 후 대학원에 진학했는데, 학비와 용돈을 벌기 위해 아르바이트가 필요했고 어차피 하는 김에 내가 지망하는 기자와 관련 있는 아르바이트를 해야겠다는 판단이 섰다. 그래서 석사과정을 밟는 동안 경험을 쌓을 목적으로 두 가지 직종을 선택해 프리랜서로 일했다. 이 경험이 나에게 상당히 소중하며 앞으로 기자를 하게 된다면 그 경험을 바탕으로 다른 이들보다 방송 일에 훨씬 빨리 적응할 것으로 자신한다."라고 면접관들에게 힘주어 말한다면 당연히 플러스 효과로 작용할 것이다.

045
인터넷 매체 재직 경험은 안 쓰는 게 좋겠죠?

"작은 언론사에서 8개월 일하다가 퇴사했는데 이력서에 쓰니 유독 더 떨어지는 느낌이거든요."

이렇게 질문한 언시생은 아마도 규모가 큰 언론사를 준비하는 사람으로 보인다. 인터넷 매체나 작은 매체는 본인의 목표가 아니라는 뜻이 질문에 담겨 있다. 소규모 인터넷 매체에서 기자 경험을 했지만, 그것이 오히려 큰 언론사 입사에 걸림돌이 되지 않을까 걱정하는 눈치다.

이 질문에 답하기는 쉽지 않다. 왜냐하면 여러 가지 변수가 있기 때문이다. 인터넷 매체라고 해도 그중에 어느 정도 규모이냐, 사회적 평가를 받고 있느냐에 따라 답변이 달라질 수 있다. 재직 기간도 3개월이냐, 6개월이냐, 1년이냐, 3년이냐에 따라 다르다.

솔직하게 답해보겠다. 들어본 적 없는 영세 인터넷 매체나 어뷰징 기사로 악명 높은 매체의 재직 경험이라면 이력서나 자소서에 쓰지 않는 것이 좋겠다. 왜냐하면 그런 매체들은 언론매체로서 검증이 되지 않은 것으로 언론계에서는 평가받고 있기 때문이다.

그러나 오히려 중급 이상 규모의 인터넷 매체, 매체명이 어느 정도 알려져 있고 어느 정도 신뢰를 확보한 매체라면 재직 경험을 쓸 것을 권유한다. 지금은 미디어 혁명의 시대이기 때문이다. 종이신문의 시대도 TV의 시대도 저물어가고 있다. 기존 미디어는 레거시 미디어, 다시 말해 이미 사망해 유산 취급을 받고 있고 인터넷 미디어는 오히려 뉴미디어로 각광받고 있기 때문이다. 다만 인터넷이라는 플랫폼에 텍스트만 제공하는 것이 아닌 영상과 시각화 도구, 인포 데이터, 카드 뉴스, 스트럭처 저널리즘, 맥락 저널리즘을 가미한 모바일 디바이스에 최적화된 디지털 미디어로서의 인터넷 매체에서의 경험이라면 그런 경험이 없는 사람보다 훨씬 경쟁력을 갖춘 응시생으로 평가받을 것이다.

8개월 경력은 미디어 생태계의 맛을 본 정도로 평가할 만한 기간이다. 보통 언론사의 경우 수습 기간이 6개월이므로 수습 기간 정도는 경험했다고 봐야 하니까.

046

합숙 평가나 토론 면접, 어떻게 준비해야 하나요?

서류와 필기를 거쳐 어느 정도 기초 역량이 되는 지원자들을 추려낸 뒤 합숙을 하며 평가하는 과정을 갖는 언론사도 있다(동아일보, 채널A). 또는 합숙은 아니더라도 2~3일 현장 취재와 기사 작성, 토론을 하며 평가한 뒤 최종 면접에 올리는 언론사도 있다(조선일보).

합숙을 하는 경우 지원자들끼리 팀을 짜 게임을 하거나, 미션을 수행하는 프로그램, 선배들과의 술자리를 하기도 한다. 술까지 마신다고? 술까지 함께 마시는 것은 그 사람의 인성을 보려는 것이다. 물론 잔뜩 긴장한 응시생들이 술을 마신다고 금세 취해 엉뚱한 짓을 할 가능성은 희박하겠지만 혹시라도 나쁜 술버릇은 없는지, 예의는 바른지, 활달한 성격인지, 내성적인지 등을 종합적으로 관찰하는 목적이 크다. 또 각종 게임이나 미션 수행 프로그램을 통해서는 협동심이 있는지, 솔선수범형인지, 적극적인 리더십을 갖추고 있는지 등을 보게 된다.

그러므로 조원들과 함께 하는 작업에 적극적이고 능동적으로 참여해야 한다. 누군가에게 끌려다니기보다는 너무 나대지 않는 범위 내에서 리드하는 모습을 보여주는 것이 좋다. 손해를 보더라도 일정 부분 희생하는 모습을 보여주는 것도 관찰자는 높이 평가한다.

현장 평가에서는 '노숙자', '휴지통', '흡연구역', '고궁', '골목길' 등과 같이 어떤 특정 주제를 주고 반나절 현장 취재를 하고 자유롭게 기사를 쓰라고 한다. 같은 주제를 놓고 지원자들마다 각기 다르게 취재 대상을 정하고 다른 방식으로 접근하고 다른 기사를 써낸다. 누가 더 독특한 기획력으로 아이템을 선정하고 어떻게 기사를 구성하는지, 누구를 인터뷰해 어떤 코멘트를 이끌어내는지가 중요하다.

또 7~8명이 한 조를 이룬 그룹별로 실제 뉴스 메이커를 인터뷰 대상자로 선정해 인터뷰하도록 한 뒤 기사를 쓰도록 한다. 그 외에 기사 본문만 주고 제목을 달아보라는 테스트도 있다. 기사의 내용을 가장 함축적으로 보여주는 제목이면서 눈길이 가는 제목, 시쳇말로 섹시한 제목을 달아야 한다.

찬반이 있을 만한 주제를 주고 그룹 토론도 이뤄진다. 토론에 적극적으로 참여하면서 다른 조원의 이야기에도 귀를 기울이고 자신의 논리를 다른 조원들에게 납득시켜야 성공이다. 물론 타인을 너무 공격하거나 자신의 의견만이 옳다는 식으로 말해서는 곤란하다. 타인의 의견도 존중하면서 자신의 의견을 조곤조곤 논리적으로 전개해 설득시키는 어조여야 한다.

047

A사는 한 번 떨어뜨린 지원자는 다시 안 붙여준다는 말이 있던데 사실인가요?

A사가 그런 원칙을 갖고 있는지 필자는 알지 못한다. 한번 떨어진 사람이 재도전했을 때 합격할 가능성은 반반이다. 떨어졌을 땐 그 이유가 있었을 텐데, 이번엔 합격시킬 이유가 있어야 합격시킬 것이다. 그런데 떨어질 만한 이유가 지금도 그대로 있다면 합격시킬 이유가 없다. 단지 도전정신을 높이 평가해서 합격시킬 수는 없는 노릇이다.

재도전하는 이유, 전보다 나아져서 회사가 자신을 뽑아야 하는 이유를 설득력 있게 설명해야 한다. 자신을 포장할 줄 아는 것도 능력이다.

048

중앙일보와 JTBC는 같이 뽑던데 JTBC에 가고 싶은 지원자가 중앙일보에 가기도 하나요?

대기업이 그룹 차원에서 신입사원을 채용하고 계열사별로 보내는 경우는 있는 것으로 아는데, 언론사도 그렇게 하는지는 모르겠다.

동아일보와 채널A는 동아미디어그룹에서 동시에 공채를 공지하는데 지원은 신문과 방송을 따로 받는다. 지원 단계부터 신문기자냐, 방송기자냐, PD냐, 아나운서냐 정하도록 되어 있다. 신문기자나 방송기자나 같은 기자이지만 인쇄 매체와 방송 매체는 엄연히 다른 분야이다.

049

보통 언론사 내에서 스포츠부는 다른 부에 비해서 대우가 안 좋나요? 아님 똑같나요?

스포츠부는 매우 특수한 영역이다. 전문성을 필요로 하는 부서라고 할 수 있다. 최근에 각광받는 부서이기도 하다. 스포츠기자는 경기가 열리는 지역으로 출장을 갈 기회가 많다는 게 장점이라고 할 수 있다. 올림픽이나 월드컵, 아니면 세계선수권대회와 같은 굵직한 경기가 해외에서 열릴 경우 평소 잘 못 가는 나라로 취재하러 갈 수 있는 기회가 스포츠기자들에게 주어진다. 또 본인이 스포츠 마니아라면 더욱더 좋겠다. 즐기는 것을 일과 동시에 할 수 있을 테니까. 물론 그냥 관람만 하는 것과는 다르겠지만.

대우에 대한 질문인데, 급여 얘기를 묻는 거라면 다른 부서와 다르지 않다. 한 언론사 내의 같은 직종인데 부서가 다르다고 급여가 다른 경우는 없다.

050

촬영기자가 되기 위해 어떤 준비를 해야 할까요?

촬영기자(카메라기자, 사진기자)는 영상저널리스트, 포토저널리스트다. 즉 영상 또는 사진으로 기사를 쓰는 기자다. 어떤 뉴스를 어떻게 사진 또는 영상으로 임팩트 있게 독자와 시청자에게 전달할 것인가가 중요하다. 생생한 현장의 모습을 잘 포착하고 스토리 전개에 맞도록 영상을 구성할 것인지 늘 고민해야 한다.

규모가 큰 방송사의 경우 대체로 촬영과 편집이 분업화되어 있다. 촬영기자와 영상편집자가 별도로 있는 것이다. 촬영기자는 촬영만, 영상편집자는 편집만을 담당한다. 규모가 크지 않은 방송사에서는 대체로 촬영기자가 편집까지 한다. YTN도 초기에는 촬영기자가 영상편집 업무를 겸했다. 필자는 사실 이 방식을 선호한다. 그래야 카메라기자가 현장에서 그림을 찍을 때부터 편집을 염두에 두고 촬영하기 때문이다. 영상 따로 편집 따로의 경우 나중에 편집할 때 마땅한 그림이 없어서 애를 먹는 경우가 종종 있다.

아무튼 촬영기자가 언론사 입사를 위해 준비해야 하는 것은 먼저 촬영에 관한 기초 지식을 습득하는 것이다. 기본적으로 아이라인, 헤드 스페이스, 풀 샷(Full Shot)과 미디엄 샷(Medium

Shot), 클로즈업(Close-Up) 등 기본 앵글에 관한 지식은 갖추고 있어야 한다. 어떨 때 어느 장소에서 부감 샷을 확보해야 하는지, 틸 업(Tilt Up)과 틸 다운(Tilt Down), 패닝(Panning)은 어떤 상황에서 활용해야 하는지, 줌 인(Zoom In)과 줌 아웃(Zoom Out) 역시 어떤 원칙을 갖고 촬영해야 하는지 등의 기본적인 테크닉과 그 테크닉을 사용해야 하는 상황과 이유를 본인이 설명할 수 있어야 할 것이다.

촬영기자의 경우엔 위에서 언급한 촬영 역량 외에 저널리스트로서 갖춰야 할 기본적인 지식도 요구된다. 초상권, 초상권 침해, 음성권 등의 개념을 잘 알아야 한다. 어떤 경우에 인터뷰이의 얼굴에 블러 처리를 하고 목소리를 변조해야 하는지, 어떤 경우가 인권침해에 해당하는지 법률적 지식도 갖추고 있어야 한다.

051

영상취재기자는 실기 테스트에서 어떤 걸 하나요?

위 질문에 어느 경험자가 아래와 같은 댓글을 달았다.

"제가 지역 M에서 면접을 볼 때는 주변 사진이든 영상이든 찍어서 스토리를 만들어오라고 하더라고요. 휴대폰으로 찍어오라고 했던 기억이 있어요. 근데 채널A는 실기 테스트, 실기 면접이 따로 있네요."

필자가 채널A에 있었을 때 경력직 카메라기자 면접에 면접관으로 참여한 적이 있다. 그때 영상취재팀장이 그 자리에서 실기 촬영을 시켜본 일이 있다. 트라이포드에 장착된 카메라로 창밖 이곳저곳을 찍어보라고 했고 실시간 화면이 모니터에 뜨도록 한 것이다. 면접관들은 그 모니터에 비친 영상을 보면서 경력직 카메라기자 응시생의 역량을 평가했다. 당시 영상취재팀장은 풀샷을 잡아봐라, 가장 생동감 넘치는 장면을 잡아봐라. 틸 업, 틸 다운, 팬(Pan), 퀵 줌(Quick Zoom) 등 여러 가지 촬영 기법을 시켜보며 실력을 평가했다.

신입 카메라기자 채용 때는 이렇게 전문적인 촬영을 요구하지는 않는다. 앞서 댓글을 달았던 사람의 경우처럼 스마트폰을 활용해 주변에서 자신만의 주제에 맞게 촬영하고 스마트폰 애플리케이션으로 편집하도록 하는 경우가 있을 것이다.

이런 테스트는 촬영기자에게만 해당되는 것은 아니다. 취재기자, PD 지원자에게도 실시된다. 특히 합숙 과정을 통해 뽑는 경우가 그렇다. 채널A가 이 방식을 택했다. 채용 과정에서뿐 아니라 채용 후 초기 교육과정에서도 이 같은 방식이 활용된다. 촬영이 이제는 카메라기자 고유의 직무가 아닐 수도 있다. 급박한 취재 현장에서 카메라 장비를 갖춘 촬영기자가 올 때까지 마냥 기다릴 수는 없는 노릇이기 때문이다. 취재기자도 스마트폰으로 현장을 찍어 바로 전송이 가능한 시대다. 반대로 카메라기자도 그림만 찍는 직무로 그치는 것이 아니라 현장 팩트 개더링을 통해 기본적인 기사 작성은 할 줄 알아야 생존할 수 있는 시대다.

052

촬영기자는 취재기자랑 비교할 때 티오(T.O)가 얼마나 되나요?

이상적으로는 취재기자 한 명에 카메라기자 한 명이겠지만 대부분의 방송사는 카메라기자 수가 취재기자 수보다 적다. 방송사마다 다르겠지만 절반에서 3분의 1 정도 되지 않을까 싶다.

그 이유는 첫째, 촬영과 편집이 분업화되어 있고 둘째, 영상 공동 취재가 워낙 많아서이기도 하다. 청와대와 국회, 정부종합청사(광화문, 세종시)는 기본적으로 카메라기자들이 그림 취재를 나눠서 하고 그림을 공유하는 시스템을 갖추고 있다. KBS, MBC, SBS, YTN은 4사 풀(Pool)이 있고 종편 출범 후에 MBN, JTBC, 채널A, TV조선과 연합뉴스 TV가 별도의 풀 시스템을 운용하기 시작했다. 그러다 보니 취재기자 채용에 비해 카메라기자 채용은 적은 게 현실이다.

카톡 오픈 채팅방에 오른 위 질문에 대한 다른 이의 답변을 보자.

"그때그때 다릅니다. 2018년에 사상 유례없이 많이 뽑았었지만(M 3명, Y 5명, K 6명) 그때뿐이고 지역 M은 한 명 뽑을까 말까입니다."

1980년대 최고의 시청률을 자랑했던 MBC 〈카메라 출동〉을 촬영은 물론, 기사 작성, 영상 편집까지 직접 수백 편 제작해 방송했던 전설의 카메라기자 이성수 전 국장은 이렇게 말한다.

"카메라기자가 스튜디오 카메라맨과 다른 점은 누군가의 지시에 의해 움직이는 것이 아닌 능동적이고 주체적으로 움직인다는 점이에요. 영상 취재, 카메라 취재라는 말에 그 의미가 담겨 있죠. 카메라기자는 영상으로 어떤 상황과 사실을 보여주는 일을 하는 사람들입니다. 그렇기 때문에 촬영 테크닉보다는 직업의식이 더 강조되는 것이죠. 시사에 밝아야 하는 것은 너무나도 당연합니다. 세상 돌아가는 것에 무관심하거나 밝지 못하다면 이 일을 해낼 수가 없어요. 때로는 후배 취재기자와 함께 취재를 나가는 경우도 적지 않은데, 해당 취재 아이템에 대해 어느 정도 지식을 갖추고 있어야 제대로 된 그림을 담아낼 수 있지 않겠어요?"

그는 또 카메라기자가 갖춰야 할 기본 자질 가운데 대인관계와 외향적 성격을 우선적으로 꼽는다.

"카메라기자도 취재기자처럼 많은 취재원들을 만나게 됩니다. 사람들과 잘 어울리고 사귈 줄 알아야 더 많은 영상 소스를 얻을 수 있고 더 좋은 취재를 할 수 있지요. 만일 수동적이거나 극단적으로 대인기피증을 갖고 있다면 어떻게 취재를 적극적으로 할 수 있겠어요? 특히 카메라기자들은 때로는 취재기자 없이 현장에 나가는 경우도 적지 않아요. 직접 섭외해야 하는 경우도 있고 현장에서 인터뷰이를 만나서 인터뷰도 혼자 해야 하는 경우도 있으니 그런 걸 잘하려면 외향적 성격이라야 하죠. 내성적인 사람들은 그런 걸 적극적으로 해내기 쉽지 않습니다. 그렇기 때문에 면접할 때 내성적으로 보이는 사람, 소극적으로 보이는 사람들은 잘 뽑지 않아요."

이성수 전 국장은 MBC 홍콩 특파원과 베이징 특파원을 지냈고, 남극과 북극 특별 취재 경험까지 갖춘 베테랑 중의 베테랑 카메라기자이다. 그는 뉴스 영상은 사실이 중요하다고 강조한다.

"뉴스 리포트가 통상 1분 30초 안팎으로 제작하는데, 거기에 담아낼 영상을 어떻게 구성하느냐가 중요합니다. 그런데 요즘 TV 뉴스를 보다 보면 시청자의 눈길을 끌기 위해 갖가지 기교를 부리는 경우가 많은데, 바람직하지 않습니다. 뉴스는 사실 전달이 더 우선순위이기 때문이죠. 자칫 잘못하면 사실을 왜곡되게 전달하는 오류를 범할 수 있으니까요. 다른 프로그램이면 몰라도 뉴스의 경우에는 무엇보다 왜곡되지 않은 사실 전달에 초점을 맞춰야 합니다."

10여 년 전에 있었던 일이지만 한 지상파 방송사 신입 카메라기자 공채에 미국 아이비리그 대학 출신이 지원한 적이 있다. 그 지원자는 면접에서 "카메라기자야말로 진정한 기자다."라는 주장을 펼쳤다. "항상 현장에서, 세상에 잘 알려지지 않은 사실을 있는 그대로 전달하는 카메라기자의 역할이 중요해 카메라기자에 지원하게 됐다."라고 지원 동기와 목적을 설명했던 것이다. 이 지원자는 필기시험과 면접 점수를 가장 높게 받았다. 그런데 해당 지상파 방송사는 1등을 한 이 지원자를 뽑지 않았다. 내부 관계자의 설명은 이랬다. "스펙은 훌륭하고 되고자 하는 의지 피력은 강력했지만 뭔가 믿음직스럽지 못한 면이 있었다. 카메라기자를 그토록 원했다면 자신만의 포트폴리오 정도는 갖고 있어야 하는데 그런 것이 전혀 준비되지 않았다. 오로지 합격하기 위해 그럴싸하게 보이려고 한 측면이 있는 걸로 의심하지 않을 수 없었다."

　해당 지상파에서 탈락한 그 지원자는 얼마 후 다른 지상파의 카메라기자 신입 공채에 도전해 합격했다. 하지만 그는 6개월의 수습 기간을 버티지 못하고 회사를 그만두고 말았다. 그를 애초에 뽑지 않았던 회사의 판단이 틀리지 않았음을 보여준 사례라고 할 수 있다.

053
뉴스 PD가 되기 위해 어떤 준비를 해야 할까요?

사실 지상파나 YTN의 경우 취재기자가 뉴스 PD 역할을 하는 것이 일반적이다. 사회부, 정치부, 경제부, 문화부와 같은 일반 취재 부서에 소속돼 취재 활동을 하던 기자들이 편집부로 발령이 나 뉴스 PD 역할을 하는 것이 보통이다.

채널A와 같은 종편은 아예 뉴스 PD 또는 시사프로그램 PD를 별도로 채용하는 것이 일반적이다. 취재기자가 뉴스 PD를 맡는 것은 취재 경험과 뉴스의 가치를 판단할 줄 안다는 측면에서 적절하다고 할 수 있다. 아무래도 취재 경험이 있는 기자가 뉴스 제작을 총괄하는 PD를 맡게 되면 뉴스 감각을 더 잘 살릴 수 있다는 판단이 작용한다. 전문 뉴스 PD가 제작을 맡게 되는 경우의 장점은 연출 요소라고 할 수 있겠다. 카메라 워킹, 뉴스 사이사이에 들어가는 꼭지물, 패널이나 이름표와 같은 장치, 이런 요소들을 짜임새 있게 꾸미는 역량은 전문 뉴스 PD들이 더 강점을 갖고 있다.

종편은 출범 초기부터 시사 토크 프로그램을 강점으로 살려 호응을 얻었는데, 여기에는 이런 뉴스 전문 PD들의 감각적 역량이 뒷받침된 점이 있던 것이 사실이다.

그러므로 일반적으로 방송사가 뉴스 PD를 채용할 경우에는 두 가지 측면을 중시한다.

첫 번째는 뉴스 감각, 두 번째는 연출과 기획 역량이다. 뉴스 PD인 만큼 뉴스에 대한 가치를 판단할 줄 알아야 한다. 예를 들어 무엇을 생중계하고 무엇을 리포트로 하고 무엇을 기자 출연 또는 전문가 출연으로 풀어낼 것인가, 무엇을 톱으로 배치할 것인가, 어떤 기사를 헤드라인으로 배치할 것인가와 같은 뉴스 밸류 감각을 잘 갖추고 있는가를 따져볼 것이다. 그리고 그러한 뉴스 감각을 토대로 아이템을 선정했다면 그 뉴스 아이템을 어떤 방식으로 요리할 것인지, 기획하고 연출하는 역량을 판단할 것이다.

그렇다면 뉴스 PD가 되기 위해 어떤 준비를 해야 할까?

첫째, 이슈가 되는 뉴스를 지속적으로 팔로우업

둘째, 각 방송사 뉴스 모니터를 통해 특징 분석

셋째, 특히 해외 방송사의 특이한 뉴스 진행 방식 연구

넷째, 자신만의 뉴스 포맷, 기획 코너, 연출 방식을 연구해야 한다.

뉴스 PD 채용 면접 과정에서 자신만의 독창적이면서 실현 가능한 뉴스 포맷을 제안한다면 당신은 높은 점수를 받을 수 있을 것이다.

054

방송기자를 준비하려는 4학년, 휴학하는 게 좋을까요?

졸업 전에 취업이 확정되어야 안심할 수 있다는 취지의 질문인지? 아니면 4학년이 되어서야 언론사 준비를 시작하게 되었는데, 시간이 부족하다고 느껴 휴학을 해야 하느냐는 질문인지? 혹은 졸업생보다 재학생이 언론사 취업에 유리하다고 판단해서 묻는 질문일 수도 있을 것 같다.

먼저 취준생 입장에서 정해진 것 없이 졸업 후에 구직활동을 하는 것이 크게 부담으로 작용할 수 있을 것이다. 심리적으로 압박감이 생기고 주변 눈치도 보이고 이러다 취직 못 하면 어쩌지, 그냥 아무 데나 갈까, 뭐 이런 생각이 들 수도 있을 것이다. 그러다 보면 눈높이를 낮춰서 원래 들어가고 싶었던 언론사가 아닌 곳도 생각하게 되고 그냥 한번 응시해 봤는데, 붙으면 들어가고 그러다 후회하지 않을까 하는 생각이 발목을 잡을 수도 있겠다.

충분히 이해가 간다. 필자가 줄 수 있는 조언은 딱 1년 자신의 꿈을 위해 시간을 투자해 보라는 것이다. 내가 이루고자 하는 꿈을 위해 기를 쓰고 준비하는 시간, 더도 말고 덜도 말고 1년이라는 시간을 자신의 인생을 위해 써 보자는 것. 그것이 휴학을 하는 것과 졸업하고 준비하는 것에 큰 차이는 없을 것이다. 배수진을 친다는 생각으로 그냥 졸업하고 주변 눈치 보지 말고 도전해 보는 것도 나쁘지는 않을 것이다. 언론사에서 신입 기자나 아나운서, PD 등을 뽑을 때 재학생이냐, 졸업생이냐를 따지지는 않는다. 재학생이라고 유리하고 졸업생이라고 불리하지는 않다. 그 사람의 역량과 자질을 보는 것이다.

필자의 결론은 굳이 휴학할 필요는 없다는 것이다. 휴학으로 대학에 적을 두는 안전장치가 오히려 자신의 의지를 약하게 할 수도 있으니까.

055

KBS 신입 직원 공개채용 공고가 떴습니다. 근데 전국권이 뭐고 지역권은 뭔가요?

전국권은 기본적으로 기자의 경우 서울에서 근무하는 기자를 가리키는 것이다. KBS의 경우 의무적으로 돌아가면서 지역국 근무를 하도록 되어 있다. 그래서 전국권이라는 용어를 쓰는 것 같다. 보통 입사 3년을 전후해 지역국 근무를 1년 해야 한다. 본인이 1지망, 2지망, 3지망을 써내는데, 제주와 춘천, 대전이 가장 인기가 높아 경쟁률이 높다고 한다.

KBS에 지역 순환근무 제도가 생긴 건 YTN 때문이라는 설이 있다. 1994년에 YTN이 생길 때 KBS 지역에서 상당수가 이직을 해서 KBS 지역의 인력이 부족하게 되었던 것이다. 그 후 서울에서 지방 발령을 내게 됐고, 의무적으로 순환근무를 하도록 하는 제도가 생겼다는 이야기가 전해져 내려온다.

지역권은 지역국에서 채용해 지역국에서만 근무하도록 하는 것을 말한다. KBS는 전국에 18개 지역국이 있다.

취재기자의 경우 8명 안팎의 인원이 있는데, 올해는 지역 뉴스 강화를 위해 경력 기자를 대거 보강했다. 경력 기자 18명을 새로 뽑았다. 필자가 아끼던 똘똘한 후배도 들어갔다. 지역권

KBS 전국 네트워크

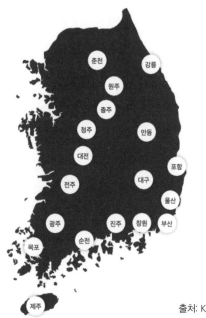

출처: KBS 홈페이지

경력 기자 공채에 응시해 합격한 것이다.

지역권 기자는 기본적으로 해당 지역에서 취재하는 것을 임무로 하지만 때로는 서울로 올라가 근무하는 경우도 있다. KBS 라디오 아침 프로그램인 〈안녕하십니까 홍지명입니다〉로 잘 알려진 홍지명 앵커도 원래 대전총국 출신이다. 대전총국으로 입사했다가 서울로 발탁돼 도쿄지국장을 지냈다(필자가 YTN 도쿄 특파원으로 일할 때 함께 취재 활동을 했다).

YTN도 처음에는 지역 지국 기자로 뽑은 후 서울로 발령을 내는 경우가 적지 않았다. 필자의 동기 중 현재(2020년 4월) 광주지국장으로 근무 중인 김범환 기자는 입사 후 26년째 광주에서 취재 활동을 하고 있다. 원래 광주에서 나고 자란 토박이인 데다 워낙이 입담이 좋고, 성격이 활달하여 모르는 사람이 없어 광주는 물론 전남 지역의 마당발, 유지가 되다시피 했다. 지역에서 오래 취재 활동을 하면서 지역의 영향력 있는 언론인으로 성장하는 토대를 마련하고 싶다면 지역권 기자에 도전할 것을 적극 권유한다.

056

"경쟁사에 비해 우리 회사의 강점은 뭐라고 생각하나?"라는 질문에 막막했어요

면접 때 자주 나오는 질문 중 하나다. 이런 질문을 하는 이유는 응시생의 입사 의지, 입사하기 위해 얼마나 성의 있게 준비했는지를 테스트하기 위해서다.

기자 지원자라면 그 회사의 뉴스는 제대로 보고 있는지를 보는 것이다. 그 때문에 앵커는 누구고 어떤 특징을 갖고 있는지, 뉴스 아이템 선정의 특징이나 포맷의 특징은 뭔지, 논조는 어떤지, 특색 있는 기자는 누구인지를 알고 면접에 임하면 훨씬 유리하다.

PD 지원자라면 해당 회사 프로그램 중에 몇 개 정도는 어떤 장르와 구성인지, 기획 의도는 무엇인지를 파악하고 가야 한다. 홈페이지에 들어가 담당 PD가 누구인지, 어떤 댓글이 달려 있는지도 살펴보면 도움이 될 것이다.

면접관이 "경쟁사에 비해 우리 회사의 강점은 뭐라고 생각하나요?"라고 물었을 때 아래와 같이 답해보자.

"저는 저녁 메인 뉴스(〈뉴스데스크〉, 〈뉴스 9〉, 〈8 뉴스〉, 〈뉴스룸〉 등)가 가장 경쟁력 있는 보도 프로그램이라고 봅니다.

특히 그 안에 (끈질긴 K, 팩트체크, 끝까지 판다 등) 탐사보도 코너가 가장 큰 경쟁력을 갖고 있다고 생각합니다. 심층 뉴스를 현장성 있게 그리고 시각적으로 생생하게 보여줌으로써 시청자들에게 문제의식을 갖도록 하고 문제 제기에 그칠 뿐 아니라 실제 해결책을 찾을 수 있도록 한다는 면에서 확실한 차별화가 된다고 생각합니다. 다만 탐사보도 후 현장 또는 제도나 상황이 어떻게 달라졌는지를 보여주지 않는 게 좀 아쉽습니다. 그래서 방송 후에 어떻게 바뀌었다거나 혹은 여전히 개선되지 않았다든지 하는 식의 '애프터 뉴스'를 일정 기간 후에 다시 취재해서 보도하는 코너를 신설하면 좋지 않을까 의견 드립니다."

그러면 면접관은 속으로 이렇게 생각할 것이다.

"이 친구 우리 뉴스 제대로 보고 있군. 게다가 개선안까지 내다니 훌륭한걸. 당장 뽑아야겠어."

057

카메라 테스트는 어떻게 준비하나요?

카메라 테스트는 혐오감을 주는 얼굴인지, 비호감인지, 어두운 표정인지, 험악한 인상인지, 비대칭인지를 먼저 가려내는 것이 1차 목적이다. 2차 목적은 반대로 호감 가는 얼굴인지, 밝은 표정인지를 보는 것이다. 그렇게 걸러내고 나면 세 번째로 신뢰감을 주는 얼굴인지를 본다. 네 번째는 자연스럽게 표정을 짓고 말을 하는지를 본다. 잔뜩 긴장한 표정으로 목소리는 덜덜 떨면 탈락이다. 뭔가 어색한 표정, 보여주기 위한 과도한 밝은 표정도 좋은 점수를 받지 못한다.

목소리 역시 너무 고음이거나 저음, 혹은 쉰 목소리나 아기 목소리는 곤란하다. 또한 표준어를 구사해야 하고 '쪼'라고 불리는 듣기 거북한 악센트가 있어서는 안 된다.

미인대회나 모델 선발대회가 아니기 때문에 화려하게 치장할 필요는 없다. 단정한 복장에 단정한 메이크업과 헤어는 기본이다.

카메라 테스트를 통과하려면 먼저 카메라 렌즈에 익숙해져야 한다. 눈부신 조명과 함께 여러 사람들의 시선을 동시에 받으며 카메라를 쳐다보고 뉴스 기사를 읽거나 무언가 말을 하는 것이 그리 쉬운 일이 아니다.

누구나 긴장하기 마련인데 누가 덜 긴장하느냐의 싸움이다. 그러므로 연습이 필요하다. 방안에 불을 환하게 켜고 스탠드 조명까지 켜서 자신의 얼굴을 비춰보자. 그리고 거울을 보고 말을 해 보자. 무슨 말이든 좋다. 자기소개든, 가장 기억에 남는 이야기든, 앞으로의 포부든, 면접관이 물을 만한 예상 질문에 대한 답변이든 말하기 연습을 해보자. 처음엔 거울을 보면서 자신의 표정은 어떤지 관찰하고 개선점을 찾아보자. 이야기는 녹음해서 들어보자. 이후엔 스마트폰 카메라로 직접 찍어보자. 카메라 렌즈를 쳐다보고 이야기하는 연습을 하다 보면 익숙해져서 긴장의 강도도 서서히 줄어들 것이다.

카메라 테스트에 통과하려면 연습이 최고다.

Practice Makes Perfect!

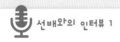

자신의 매력을 있는 그대로…

Q 기상캐스터는 어떤 일을 하나요?

기상청에서 생산하는 기상 예보문을 바탕으로 각자의 특색에 맞게 시청자들에게 전달할 날씨 기사를 작성해 전달하는 직업이에요. 기상캐스터가 날씨 기사를 직접 작성하는지 모르는 분들이 많은 것 같은데, 날씨 뉴스에 사용되는 CG와 자막 모두 직접 의뢰하고 기사를 직접 작성한답니다.^^

Q 기상관련 자격증이 있어야 하나요?

아니요. 기상관련 자격증이 필수는 아니에요. 채용 시 자격 조건 목록에 드는 것도 아니고요. 하지만 기상캐스터는 늘 기상청 강의와 책을 통해 기상 전반에 대해 공부하고, 특히나 요즘 지구 온난화로 급변하는 날씨 상황에 꾸준하게 관심을 갖는 것이 필요해요. 그래야만 정확한 정보 전달이 가능하거든요.

Q 날씨 원고는 어떻게 작성하나요?

기상청에서 새벽 5시, 오전 11시, 오후 5시, 밤 11시 이렇게 총 네 번의 예보문이 나와요. 하지만 특보가 내려지거나 특이사항이 있을 때는 수시로 예보문과 현황 통보문이 제공되고요. 그것을 바탕으로 뉴스 시간에 맞춰 꼭 필요하고 중요한 정보를 각각의 색깔에 맞게 작성하면 되죠.

Q 기상캐스터가 되려면 어떻게 준비해야 하나요?

카메라 앞에 서는 직업이기에 신뢰감과 호감을 줄 수 있는 인상이 중요해요. 예쁘다, 덜 예쁘다 이렇게 미모로만 평가되는 것이 아닌 그야말로 호감을 주는 인상이 매우 중요하죠. 거울을 보고 늘 웃는 연습을 하고 스마일을 장착하는 것이 큰 도움이 돼요. 필수는 아니지만 채용자 입장에서 참고 사항이 될 수 있으니 기상관련 자격증도 따두면 좋겠죠(방송사마다 평가 기준이 달라 이것에 큰 의미를 두지 않는 곳도 있어요).

늘 날씨 전반에 관심을 갖고 있는 것이 매우 중요해요.

Q 필기시험도 보나요?

네. 날씨 기사를 작성하는 필기시험은 많은 곳에서 시행하고 있어요.

Q 면접 요령이 있다면 알려주세요.

진실되고 성실한 모습으로 임하는 것이 중요해요. 요령이라기보다는 그 사람의 밝은 에너지가 중요한 것 같아요. 각자가 가진 매력을 얼마나 있는 그대로 충분히 세련되게 발산하는가가 합격의 키가 되겠지요. 쉽고도 어려운 얘기지만 자신이 가진 색을 분명히 알고 그것을 세련되게 잘 드러내는 것을 늘 고민하면 좋겠어요.

Q 면접 때 어떤 질문이 나오나요?

기상캐스터는 부지런함이 필수이기에 새벽 이른 시간에 출근할 수 있는지, 체력 관리를 어떻게 하고 있는지, 어떤 운동을 하는지에 대해서도 질문해요. 본인이 방송 관련 경력이 있다면 그것에 대해 많은 관심을 가질 확률이 높고요.

　날씨에 대한 질문으로는 장마철의 시기, 최근 지구 온난화로 발생하는 우리나라의 기상 상황들을 질문할 수 있고요. 어떤 상황을 제시하고 생방송으로 날씨 방송 오프닝 멘트를 바로 해 보라는 상황을 제안하기도 해요(순발력을 보기 위함이죠^^).

Q 카메라 테스트를 잘 받는 방법이 있을까요?

자신의 매력을 가장 잘 나타낼 수 있는 의상과 헤어스타일, 메이크업 준비는 필수예요. 반드시 큰돈을 들여 미용실에 다녀올 필요는 없어요. 본인이 충분히 할 수 있다면 단정한 모습으로 카메라 테스트에 응하면 되고요. 메이크업과 헤어는 방송에 좀 더 단정하고 또렷한 모습으로 나오기 위함이니까요. 평소에 다양한 색의 의상을 입고 사진을 찍어서 본인에게 가장 어울리는 색을 찾는 것도 도움이 돼요.

시험에 응시하는 많은 분들이 카메라에 익숙하지 않기 때문에 자세가 불안정하거나 특히 카메라를 잘 응시하지 못하고 시선이 분산되는 경우가 많아요. 서 있는 자세를 안정적으로 취하고 카메라를 정면으로 정확히 바라보는 것이 중요해요.

Q 방송 아카데미를 다녀야 하나요? 다니면 어떤 도움을 받나요?

필수는 아니지만, 방송인으로서 갖춰야 할 소양(이미지

와, 발음과 발성 등)을 트레이닝 할 수 있고, 같은 꿈을 가진 사람들과 소통하며 준비를 위한 과정에 건강한 자극을 받을 수 있다는 점을 장점으로 꼽고 싶어요. 간혹 방송사에서 공채가 아닌 특채로 방송아카데미 등을 통해 추천으로 채용하는 경우도 있어 정보나 기회를 얻는 통로가 될 수 있거든요.

Q 기상캐스터가 갖춰야 할 자질은요?

크게 네 가지를 꼽자면 밝은 인상, 부지런함과 근성, 순발력을 꼽을 수 있어요.

Q 야외 방송과 스튜디오 방송의 차이는 뭔가요?

스튜디오 방송은 블루 또는 그린 크로마키 앞에서 기상캐스터가 뒤에 CG가 있다는 전제하에 방송을 진행해요. 최근에는 크로마키 포맷이 아닌 터치스크린 모니터를 활용하는 등 다양한 포맷이 시도되고 있는 추세거든요. 비나눈, 태풍 등 날씨 이슈가 있을 때는 현장의 생생함을 전달하기 위해 야외에서 진행을 많이 해요.

Q 가장 기억에 남는 방송은 뭔가요?

날씨 방송 전에 앵커 멘트가 있었던 날이었어요. 보통 앵커가 남혜정 캐스터~ 하고 부르면 네. 기상센터입니다.라고 답을 한 뒤 시작하거든요. 근데 그날은 저도 모르게 네! 기상캐스터입니다.라고 답해 주변이 웃음바다가 되었죠. 생방송 중이었는데 저도 터져 나오는 웃음을 참기 어려워 겨우겨우 잘 참고 생방송을 무사히 마쳤던 경험이 있어요.

Q 기상캐스터는 프리랜서가 많은데, 기상캐스터 외에 어떤 일을 할 수 있나요?

기상캐스터는 대부분 프리랜서 계약이 많아요. 본인의 역량 내에서 광고나 행사를 진행할 수 있고, 타 방송사에서도 날씨 방송 외에 다른 방송은 모두 진행이 가능해요.^^

Q 기상캐스터 지망생들에게 해주고 싶은 말이 있다면요?

방송사는 기상캐스터의 인원이 적기 때문에 진입이 좁은 게 사실이에요. 하지만 예전에 비해 방송사가 늘었고, 채용은 상시적으로 진행하기에 언제 올지 모르는 기회를 위해 꾸준히 준비하시면 좋겠어요.

　기상캐스터가 된 나의 모습을 이미지로 그리고 떠올리

며 꼼꼼하게 자신의 이미지, 보이스 톤, 발음 등등 세심히 트레이닝하면 돼요. 후회 없는 준비 과정이 됐으면 좋겠어요. 1분 30초 분량의 날씨 방송 안에서 시청자분들에게 긍정의 에너지를 줄 수 있는 기상캐스터가 되면 좋겠어요!

여러분의 꿈을 진심으로 응원합니다!

남혜정 채널A 기상캐스터

8

아나운서 지망생들이
자주 하는 질문

지상파 방송사의 아나운서 입사시험 경쟁률이 최고 3,000 대 1에 이른다. 일반적인 기자 경쟁률의 30배를 넘는 엄청난 수치다.

왜 이토록 많은 젊은이들이 아나운서를 꿈꾸는 것일까?

어떤 이는 이를 전현무가 낳은 '아나테이너 신드롬'이라고 설명한다. YTN 뉴스 앵커였던 전현무가 YTN을 그만두고 KBS 아나운서로 이직, 예능 프로그램 진행자로 두각을 나타내면서 스스로 연예인으로 변신했다. 이른바 아나테이너로 큰 인기를 누리면서 안 그래도 젊은이들 사이에서 선망의 대상이었던 아나운서 직종이 상한가를 치게 된 것이라는 분석이다. 또 한 가지, 아나운서 시장이 과거에 비해 크게 넓어진 영향도 크다. 지상파 외에 케이블 TV 채널만 해도 수백 개에 이르는 데다 요즘은 작은 규모의 인터넷 방송사도 크게 늘어났다. 여기에 유튜브 채널까지 폭발적으로 성장하면서 방송 진행자, 아나운서의 수요가 갈수록 늘고 있는 것이다. 더불어 기업들의 사내방송에까지 시야를 넓히면 아나운서들의 진출 분야는 더욱 넓어진다. 어디 이뿐이랴, 세미나와 심포지엄, 전시회, 국제행사 등도 많아 행사 전문 MC의 수요도 늘어나는 추세다. 방송사 아나운서의 경력을 토대로 행사 MC를 하며 꽤 큰 수입을 올리는 이들도 있다. 특히 영어나 중국어와 같은 외국어까지 잘한다면 MC의 수익은 더 늘어난다.

058

아나운서 준비는 어떻게 해야 하나요?

먼저 자신만의 롤 모델을 가져보자. 뉴스 앵커이든, 쇼 프로그램 진행자이든 누군가 한두 명 자신만의 롤 모델을 정하고 그를 따라 해 보는 것도 방법이다. 따라 하면서 자신의 것으로 만들어야 한다. 꾸준히 하다 보면 자신의 것이 된다. 그리고 자신만의 것으로 승화시킬 수 있다.

둘째, 카메라와 친해져야 한다. 카메라와 조명이 자신을 비추는 상황에 익숙해져야 한다. 긴장하지 않는 방법을 스스로 터득하라. 긴장하면 얼고 얼면 말을 제대로 못 한다. 카메라 울렁증은 아나운서에게는 치명적이다. 뉴스라면 뉴스 원고를 찾아서 읽어보고, PC 웹캠을 카메라라고 생각하고 쳐다보며 말해 보고, 실제 스마트폰으로 찍어서 스스로 평가해 보자. 끊임없는 연습이 당신을 성장시킬 것이다.

셋째, 올바른 발음 연습을 하자. 아나운서의 기본은 우리말을 잘 구사하는 것이다. 우리말은 결코 쉬운 말이 아니다. 필자는 아나운서 교육을 받은 적이 없어 잘 모르지만 장음과 단음을 구별하는 방법 등 아나운서가 받는 교육을 미리 받아두면 유리할 것이다. 맞춤법과 띄어쓰기 등 글쓰기에서 갖춰야 할 기본기도 익혀둬야 한다. 이는 아나운서뿐 아니라 기자에게도 해당된다.

넷째, 헤어와 메이크업도 일부러 받아보자. 방송 분장에 익숙해져야 메이크업을 받고 면접에 가는데 익숙해질 것이다. 전문가에게 받는 것도 방법이지만 스스로 해 보는 것도 도움이 될 것이다.

다섯째, TV 뉴스와 신문 기사를 꾸준히 읽자. 큰 이슈가 되는 뉴스는 챙겨보자. 이슈를 팔로우업해야 시사와 관련한 필기시험이나 작문, 논설, 그리고 면접에 당황하지 않고 답할 수 있다. 언시생에게 이슈 팔로우업은 기본이다. 그냥 보고 읽는데 그치지 말고 잠시 생각하며 머릿속에서 정리하는 습관을 가져보자. 그 이슈에 대한 자신의 생각을 정리하고 주변 친구들과 대화를 통해 다른 의견도 들어보자. 다른 의견이 일리가 있다고 생각하면 자기 생각으로 받아들이는 것도 괜찮다.

아나운서가 되는 것은 앞서 언급했듯 그리 쉬운 일이 아니다. 낙타가 바늘구멍을 통과하는 것만큼이나 어려운 일이다. 무려 3,000 대 1의 경쟁률을 뚫어야 하는 어려운 작업이다. 보통 지상파 방송사의 아나운서 채용 방식은 1차를 카메라 테스트로 시작한다. 기자나 PD와는 다르다. 방송 출연이 본업이니 그럴 만도 하다. 이른바 '카메라발'을 얼마나 잘 받는지를 먼저 보는 것이다. 여기서 10퍼센트 정도를 걸러내 2차로 필기시험을 치른다. 시사 상식과 글쓰기 역량을 테스트하는 것이다. 창의성과 논리적 스토리 메이킹 역량을 보여줘야 3차로 올라갈 수 있다.

3차는 또 한 번의 카메라 테스트와 실무 면접이다. 1차 카메라 테스트를 통과한 쟁쟁한 응시생들 간에 뜨거운 경쟁을 펼쳐야 하는 것이다. 그래서 많은 이들이 강남 미용실에서 머리를 하고 풀 메이크업을 받고 면접에 응하는 모양이다. 우여곡절 끝에 3차 실무 면접을 통과하면 1박 2일 합숙을 통해 인성 테스트를 거쳐야 한다. 인내심, 협동심, 조직 적응력을 보는 것이다.

마지막은 임원 면접이다. 여기까지 올라온 것만 해도 대단하다. 다들 실력은 비슷비슷하다고 봐야 한다. 누가 더 좋은 인상을 심어주느냐, 그야말로 운이 크게 좌우할 수밖에 없다. 회사의 경영철학과 면접관의 개인적 선호도에 따라 당락이 좌우될 가능성이 높다.

059

면접 시 외모는 얼마나 중요한가요?

아나운서 채용 공고를 낼 때 외모에 특정 기준을 두는 경우는 없다. 신장, 체중 이런 기준은 없다. 기준을 제시하는 것 자체가 차별에 해당하기 때문이다. 그렇다고 외모가 중요하지 않다고 할수 있나? 솔직히 말해 그건 아니다. 외모가 중요한 건 사실이다.

필자 나름의 기준은 있다. 첫째, 혐오감을 주는 외모는 아니어야 한다. 둘째, 신뢰감을 주는 외모여야 한다. 혐오감을 주는 외모가 안 된다는 것은 거꾸로 말하면 호감형 외모를 선호한다는 이야기가 된다. 그런데 호감이라는 것이 사람마다 다르게 받아들일 수 있는 것이어서 딱 꼬집어 뭐라고 이야기할 수 있는 것은 아닐 것이다. 신뢰감도 마찬가지이다. 미스코리아나 배우처럼 화려한 외모라고 반드시 유리한 것은 아니다. 오히려 감점요인으로 작용할 수도 있다. 뉴스를 진행하는 아나운서의 외모가 너무 화려하면 뉴스 자체에 집중이 안 되는 부작용이 있을 수있다는 점을 면접관이 걱정할 수도 있기 때문이다.

가장 기본적으로는 시청자들이 선호하는 이미지와 인상을 갖춰야 한다. 미팅이나 소개팅을 했을 때 첫인상이 좋은 사람이 인기 있듯이, TV를 켰을 때도 인상이 좋은 사람을 선호할 것이기 때문이다. 그러므로 TV를 통해 볼 때 부담스럽지 않을 정도의 미모, 순해 보이고 웃는 상이 선호된다. 빼어나게 아름다운 얼굴의 소유자라 하더라도 우울해 보이는 인상, 어두운 인상을 갖고 있다면 탈락할 확률이 높다. 그런 얼굴은 비호감인데다가 사람들과의 교류, 조직생활에 문제가 있다고 생각될 가능성이 높기 때문이다. 그래서 면접 때는 미소 띤 얼굴, 밝은 표정을 하는 게 중요하다. 무표정한 얼굴은 자칫 차가운 인상을 심어줄 수 있다. 평소에도 살짝 미소를 짓는 표정을 가질 수 있도록 노력해야 한다. 그렇다고 너무 과도하게 환한 미소를 짓거나 일부러 밝은 표정을 짓는 것이 느껴질 정도라면 면접관들의 반발심을 불러일으킬 수 있다. 자연스럽고 밝게 미소 짓는 얼굴, 자신감이 드러난 표정이 면접관들의 마음을 사로잡을 것이다. 거기에 더해 지식과 교양이 갖춰진 인상을 가진다면 금상첨화이다. 이런 것은 하루아침에 만들어지는 것은 아니다. 자신의 얼굴은 자신이 만드는 것이라고 하지 않는가.

또 한 가지 중요한 것은 균형 잡힌 얼굴이다. 입 한쪽이 올라가거나 내려간 비대칭은 곤란하다. 눈도 한쪽이 다른 한쪽보다 유난히 크다거나 한쪽만 쌍꺼풀이 있다거나 해도 불리하게 작용한다. 어깨도 한쪽이 다른 쪽에 비해 너무 올라가 있으면 좋지 않다. 이처럼 신체 일부가 눈에 띄게 좌우 비대칭이 심하면 탈락할 가능성이 크다.

060
저 토끼 이빨인데 괜찮을까요?

나름 호감 가는 얼굴인데 치아가 고르지 못해 걱정이라는 아나운서 지망생이 있었다. 앞니가 튀어나온 토끼 이빨인데 괜찮으냐는 질문이다. 때로는 덧니가 있는데 꼭 교정해야 하느냐는 질문도 있다. 그럼 일반적으로 방송에서 보이는 아나운서들을 살펴보자. 특히 치아를 유심히 살펴보자. 덧니나 토끼 이빨을 가진 아나운서는 거의 눈에 띄지 않는 듯하다. 물론 토끼 이빨이나 덧니 소유자는 아나운서 자격이 없다고 모집 요강에 단정적으로 밝히는 방송사는 없다. 이 또한 외모 차별에 해당될 테니까. 그러나 암묵적으로 그런 제한이 존재한다고 봐야 할 것이다. 무릇 아나운서란 시청자에게 깔끔하고 단정하고 가지런한 모습을 보여줘야 한다는 공통의 인식이 저변에 깔려있다. 그래서 치아 교정을 하는 이들이 많다. 원래부터 가지런하게 잘 정리된 치아를 가진 이들만 아나운서가 되는 건 아닌 듯하다. 교정을 통해 가지런한 이를 가진 사람들도 포함되어 있다. 실제로 토끼 이빨 때문에 치과에서 앞니를 가는 시술을 받은 아나운서도 있다고 한다.

061

키가 작은 편입니다. 아나운서 채용에 키 제한이 있나요?

물론 공식적인 기준은 없다. 키에 제한을 둔다면 이 또한 차별에 해당될 것이다. 키가 크다고 유리한 것도 아니다. 과도하게 크다면 남성 진행자와의 불균형으로 인해 좋지 않은 점수를 받을지도 모른다.

여담인데, MBC 〈뉴스데스크〉 앵커 출신인 백지연 아나운서가 YTN에서 뉴스를 진행한 적이 있다. 뉴스 말미에 보도국으로 나와 기자와 함께 서서 특정 이슈에 대한 취재 뒷이야기를 주고받는 코너가 있었다. 필자도 YTN 재직 시절 참여한 적이 있었는데 나란히 서 보니 필자가 올려다봐야 할 정도로 큰 키의 소유자였다. 훤칠한 키에 굽이 높은 하이힐까지 신었으니 보통 남자보다 더 커 보였던 것이다. 필자로서는 부담이 클 수밖에 없었다. 그래서 한 번은 10cm가 넘는 깔판을 깔고 그 위에 서서 이야기한 적이 있다. 이야기가 옆길로 샜는데, 아나운서와 키는 아무 관계가 없다. 작은 키 때문에 고민하는 경우도 있지만, 대부분의 뉴스나 프로그램이 앉아서 진행하기 때문이다. 서서 한다고 해도 하이힐로 커버할 수 있으니 말이다.

062

날씬하지 않고 좀 통통한 편인데 살을 빼야 할까요?

이 역시 외모에 관한 질문인데, 차별에 해당하기 때문에 날씬해야 한다는 기준은 없다. 서구 매체의 경우엔 체격이 좋은 여성 진행자들이 유난히 많다. CNN의 기상캐스터나 여성 뉴스 진행자 중에는 오히려 날씬한 이들을 찾아보기 어려울 정도다. 유명 방송인 오프라 윈프리도 날씬하지는 않지 않은가? 한국 방송 진행자들 중에도 있다. 오랫동안 KBS 〈아침마당〉을 진행했던 이금희 아나운서가 대표적이지 않을까.

위 질문에 대한 필자의 답은 "굳이 뺄 필요 있을까요?"이다. 그러나 반론도 있다. 한 현직 아나운서는 "본인의 모습이 스스로 만족스럽지 못하다면 감량하는 게 좋다. 스스로 만족하지 못하면 자신감이 결여돼 면접에서 주눅들 가능성이 높기 때문이다. 그렇다고 체중계에 연연하기보다 스스로 가장 자신 있는 최상의 모습을 만들어 면접장에 간다고 생각하는 게 좋겠다."라고 조언했다. 일리 있는 이야기다. 스스로 자신감이 넘쳐야 자신감 있게 임할 수 있으니 최선을 다해 보자.

063
성형수술은 금기인가요?

요즘 시대에 성형수술이 금기일 리 있겠는가? 다만 인공적인 아름다움이 나타나면 거부감을 줄 수 있다. 자연스러움이 낫다는 이야기다. 성형수술을 받은 것이 확연하게 드러나고 그것이 오히려 부담스럽게 비치면 탈락 가능성이 높다. 그러므로 티가 나는 성형수술은 안 하는 게 좋겠다.

064

어떤 오디오가 좋은 오디오인가요?

쉽게 말해 듣기 편한 목소리다. 비음이 많이 섞인 콧소리는 듣기 거북하다. 쉰 목소리나 아기 목소리도 편하지는 않다. 가수는 허스키 보이스가 매력적이기도 하지만 아나운서의 오디오가 허스키한 것은 곤란하다. 귀에 쏙쏙 잘 들어오는 톤의 오디오가 가장 좋다. 표준어를 구사해야 하는 것은 당연하다. 심한 사투리는 곤란하다. 이건 차별이 아니다.

방송은 우리말을 보존해야 하는 의무를 갖고 있는데, 일반적으로 전국 방송 진행자는 표준어를 구사하는 것을 원칙으로 삼고 있다. 지역 방송사에서도 표준어 구사가 일반적이다. 지역 사투리 보존을 위한 특별 프로그램을 제외하고는 말이다. 필자 개인적으로는 지역 방송사의 경우 지역 사투리로 진행하는 것이 더 정겹게 느껴질 것이라고 생각하지만.

065

지방 출신입니다. 대학 때부터 서울에서 생활해 사투리를 쓰지 않는다고 생각하는데 아나운서 결격 사유가 되나요?

당연히 아니다.

출생지 또는 출신지를 문제 삼을 수는 없다. 표준어를 구사한다면 어디서 나고 자랐는지 결격 사유가 될 수 없다. 다만 본인은 표준어를 한다고 생각하지만, 간혹 일부 억양 중에 비표준어가 나타나는 경우가 있을 수 있다. 아주 심하지 않은 이상 이는 충분히 바로잡을 수 있는 것이므로 면접관들이 크게 문제 삼지는 않을 것이다.

066

사투리를 못 고치면 아나운서 못되나요?

현실적으로 그렇다.

지역 사투리가 심해 표준어 구사에 문제가 있다면 아나운서로서는 적합하지 않다. PD나 기자는 문제없지만 아나운서는 문제가 있다. 아나운서가 되고 싶다면 표준어를 구사할 줄 알아야 한다.

067
대인관계와 성격도 중요하겠죠?

당연하다. 방송은 협업이고 팀워크이다. 진행자 혼자서 방송을 만들 수 없다. 방송 프로그램에 들어가는 콘텐츠를 제작하는 사람, 녹화나 생방송할 때 함께 하는 많은 스태프들과의 작업이다. 그들과 잘 소통하며 좋은 관계로 참여해야 좋은 프로그램을 만들 수 있다.

뉴스도 마찬가지다. 기자가 쓰는 기사, 리포트와 같은 제작물이 있어야 하고 스튜디오 카메라맨, FD, 부조정실의 TD와 오디오감독, 조명감독, 비디오 소스 담당자, CG 담당자 등 많은 이들이 함께 만드는 것이 방송이다.

아나운서는 또 외부 출연자와도 인터뷰나 대담 형식으로 소통하고 대화해야 한다. 경우에 따라서는 현장에 가서 취재도 해야 하고 리포트를 해야 할 일도 있다. 때문에 면접에서는 지원자의 성격이 외향적인지를 알아보려는 질문이 나오기 마련이다. 그런 질문이 나오면 주저 말고 사람들과의 교류를 즐기고 좋아한다는 점을 강조해야 한다. 말로만 말고 실제 구체적 사례를 들어서 이야기하는 게 좋다. 예를 들어 "친구들끼리 해외여행을 가도 길을 물어보거나 열차 시간을 물어보는 건 항상 저였어요. 모르는 사람한테도 쉽게 다가가 물어보는 걸 친구들은 창피해하는데 저는 전혀 그런 게 없거든요." 이 정도만 해도 당신이 외향적인 성격의 소유자임을 잘 알 수 있게 해 줄 것이다.

그런데 평소 친화력이 있고 말도 잘하는 사람이라 하더라도 카메라 앞에서 얼어버리는 사람도 있다. 카메라 울렁증이다. 그러므로 카메라 앞에서도, 많은 시선 앞에서도 긴장하지 않고 자신감 있게 이야기하며 방송에 몰입할 수 있는 능력을 갖출 수 있도록 노력해야 한다.

068
학벌은 어느 정도 되어야 하나요?

어려운 질문이다. 정답은 없다. 현직 아나운서 중에는 서울대 출신도 있고 지방 대학 출신도 있다. 다양하다. 큰 방송사 아나운서의 경우 스카이를 비롯한 '인 서울' 출신이 다수인 것은 사실이다.

KBS 지역총국이나 MBC 지역 방송의 경우엔 해당 지역 대학 출신 아나운서가 적지 않다. 지역 균형 발전 차원에서 방송사들이 지역 인재를 채용하는 경우가 많기 때문이다. 대형 방송사만을 목표로 하지 않는다면 학벌에 크게 구애받을 필요는 없을 듯하다. 아나운서로서의 기본 자질과 소양, 역량이 학벌보다 우선시되는 것이 최근의 경향이다.

069
아나운서로 입사했다가 기자로 전직하는 경우가 있나요?

박영선 중소벤처기업부 장관은 MBC 아나운서로 시작했다가 기자로 전직, 〈뉴스데스크〉 앵커로도 활약했다가 정치인으로 변신했다. 손석희 JTBC 사장은 MBC 아나운서로 입사했다가 기자로도 일했다. 〈100분 토론〉과 라디오 프로그램 〈시선집중〉을 오랫동안 진행했고, JTBC 〈뉴스룸〉을 진행하며 진가를 발휘한 케이스다.

YTN 출범 당시 KBS와 SBS에서 아나운서로 활약했던 이들 중 기자로 전직한 이들도 있다. 종편이 출범하면서 뉴스 앵커였던 이들이 기자로 전직해 종편으로 옮긴 사례도 적지 않다. 한 케이블 방송에서는 몇 년 전 프리랜서 아나운서들 가운데 일부를 경력 기자로 채용한 적이 있다. 그 가운데 절반가량은 도중에 퇴사했지만 나머지 절반 정도는 잘 적응해 일하고 있고 아나운서의 경험과 스킬을 방송기자 직무에 잘 접목해 활약하고 있다.

채널A에는 기상캐스터에서 기자로 전직한 케이스도 있다. C 기자는 원래 YTN 기상캐스터였는데, 채널A 개국 때 기상캐스터로 옮겼다가 몇 년 후 기자로 전직해 취재 활동을 하고 있다. 하지만 쉽게 적응하지 못하고 다시 아나운서로 방향을 트는 경우도 적지 않다. 앞서 언급한 케이블 방송에서 프리랜서 아나운서를 경력 기자로 채용한 사례 중에 절반이 6개월에서 1년 사이에 퇴사했다. 그들 대부분은 퇴사 후 다른 방송사 아나운서로 입사했다. 기자 업무에 적응하기 쉽지 않았고 방송 진행에 대한 갈망이 워낙 컸기 때문으로 분석된다.

　TV에 얼굴을 비추며 대중 앞에 서는 일을 하다가 현장에서 취재 활동을 하며 기사를 쓰는 일이 적응하기 쉽지 않았을 것이다. 한 당사자는 "저의 경우에는 기자 업무에 대한 정확한 이해 없이 전환이 돼 적응하는 데 애를 먹었어요. 특히 기자로 전환한 후에도 방송 진행을 맡을 것으로 이해했는데, 기자 업무만 수행했고 뉴스 진행 역할을 맡게 될지 불명확해진데다 가능성이 희박해 보여 결단을 내리게 됐어요. 다른 사람들도 방송에 대한 애착이 워낙 큰 상태에서 본인들이 생각했던 것과 기자 업무가 다르고 방송 진행 업무가 주어지지 않다 보니까 다시 아나운서 쪽으로 방향을 틀었던 것 같아요."라고 말했다.

　실제 방송 저널리스트 직군으로 신입 기자를 뽑았을 때 들어왔던 신입 기자들 가운데서도 절반이 1년이 되기 전에 퇴사했다. 퇴사 후 아나운서 쪽으로 간 이들이 많았는데, 특이하게 홈쇼핑의 쇼호스트가 된 사람도 있었다. 명문 대학 출신이었는데 필자로서는 의외였다. 기자보다 아나운서를 선호하고 쇼호스트가 되었다는 사실이 놀라웠다. 물론 쇼호스트를 하면서 방송 프로그램을 창의적이고 주도적으로 진행하는 역할을 통해 보람과 희열을 느끼기에 만족하며 방송인으로서의 업무를 하는 것으로 이해하고 있다.

또 종편에서 1년간 기자로 일하다가 아나운서로 전직한 사람도 있다. 그녀는 기자를 그만두고 아나운서가 되려고 했던 이유를 이렇게 설명했다.

"기사 발제 스트레스가 너무 컸어요. 취재하고 기사 쓰고 리포트하는 건 괜찮은데, 무슨 취재를 해서 어떤 기사를 쓸 건지를 기획하는 발제가 너무 힘들었어요. 매일 일이 끝난 후 밤에도 다음 날 아침에도 발제 스트레스를 견딜 수 없었어요. 사실상 24시간 근무체제나 다름없더라고요."

생각해 보니 이해가 갈 만도 하다. 더구나 메인 뉴스 하나에 집중하고, 색다른 아이템으로 승부를 거는 종편 채널에서 기자로 일해야 했으니 그 발제 스트레스가 견딜 수 없을 만큼 컸다는 점을 이해 못 할 바는 아니다.

070

기상캐스터에서 뉴스 아나운서로 전직한 경우도 있나요?

드물지만 그런 사례가 있다. 방송인 박은지 씨는 MBC 기상캐스터 출신이다. YTN 기상캐스터가 아침 뉴스 앵커로 발탁된 사례도 있다. 기상캐스터는 날씨 원고를 스스로 작성하는 경우가 많다. 모니터에 뜬 날씨 관련 CG를 보면서 멘트를 자연스럽게 끌어가는 역량을 필요로 한다. 그런 역량을 토대로 아나운서 역할도 충분히 잘 수행할 수 있다. 아나운서가 되기를 희망하는 기상캐스터가 있다면 바로 그런 점을 잘 어필하면 가산점이 주어질 수도 있겠다.

많은 아나운서 지망생들이 기상캐스터도 함께 준비하는 것으로 안다. 기상캐스터 경력을 살려 아나운서로 전직하는 방안을 생각하는 이들도 있는 듯하다. 사례는 드물지만 없는 것은 아니므로 그런 기회를 포착하기 위해 강점을 최대한 부각하며 준비하는 것도 좋겠다.

071
아나운서는 생명이 짧다는 이야기를 들었습니다. 사실인가요?

그런 경향이 있는 것이 현실인 것은 맞다. 시청자가 젊은 여성 아나운서를 선호한다고 생각하는 방송사 경영진 때문에 왕성하게 활약하던 TV 아나운서들이 어느 정도 시간이 지나면 대중 앞에 모습을 드러내지 않는 일이 비일비재했던 게 사실이다. 그러나 최근에는 그런 경향이 약화되었다. 실제로 YTN에는 26년째 뉴스 진행을 하는 50대 여성 앵커도 있다. 55세인 이금희 아나운서는 1998년부터 2016년까지 무려 18년간 〈아침마당〉 프로그램을 진행했다. 82세인 김동건 아나운서는 1985년부터 지금까지도 36년째 가요무대에서 활약 중이다.

하지만 이런 사례는 사실 이례적으로 꼽힌다. 아나운서가 평생 직업이라고 하기 힘든 측면이 있다. 그러므로 아나운서가 되더라도 다른 분야로도 시야를 넓혀 제2, 제3의 활동 무대로 넓혀가도록 끊임없이 모색하기를 권유한다.

072
면접 때 어떤 질문이 나오나요?

"왜 아나운서가 되려고 하나요?"라는 질문은 꼭 나올 것이다.

- 아나운서가 되기 위해 어떤 노력을 했나요?
- 아나운서가 갖춰야 할 덕목 세 가지를 들어보세요!
- 가장 존경하는 혹은 롤 모델로 삼고 있는 아나운서는 누구 인가요?
- 기자와 아나운서의 차이는 무엇일까요?
- 뉴스 아나운서, 예능 프로그램 아나운서, 교양 프로그램 아나운서, 쇼 프로그램 아나운서 중 어떤 아나운서가 되고 싶나요?

이런 기본적인 질문에 대한 답변은 미리 준비해두는 게 좋다. 한 아나운서 지망생은 면접 과정에서의 어려움을 이렇게 토로했다.

"왜 아나운서가 되고 싶은가요?라는 질문이 가장 어려워요. 가장 근본적인 질문이지만 이 질문에 속 시원하게 대답할 수 있는 지망생은 몇 없을 것이라고 생각합니다. 언론인으로서의 꿈을 말하자면 기자를 지원하지 왜 아나운서를 하려고 하느냐는 말을 듣기 일쑤고, 많은 사람들 앞에 나서는 것이 좋다고 하면 유튜버나 연예인을 하지 그러느냐는 말을 들으니 참 어려워요. 또 아나운서라는 직업이 솔직히 허영이 전혀 들어있지 않은 직업이라고 할 수 없기 때문에, 이 점을 포장해 말하기도 가식 같고, 또 솔직하게 말하자니 선을 넘는 것 같아 이 질문이 제일 어렵습니다."

무척 솔직한 이야기다. 이 질문에 대한 답변은 사실 간단치 않다. 왜 아나운서가 되고자 하는가를 묻는 질문에는 진지하고 묵직한 답변을 하는 게 좋다. 단순히 TV에 자신이 나오고 싶어서라거나 어릴 때부터 아나운서가 되고 싶었다거나 대중들에게 알려질 수 있는 기회로 삼기 위해서 또는 연예인과 같은 유명 인사가 되고 싶어서 아나운서가 되고자 한다는 취지의 답변은 곤란하다. 그럴 거라면 배우나 가수가 되지, 왜 아나운서를 하려고 하느냐는 생각을 가진 면접관이 많은 게 현실이기 때문이다. 행여라도 본인이 그런 생각을 갖고 아나운서에 지원을 한다 하더라도 면접 때 그런 답변은 하지 않는 게 좋다.

그럼 어떻게 답해야 면접관의 점수를 딸 수 있을까?

"방송을 통해 사람들이 필요로 하는 정보, 재미, 감동을 제공하는 프로그램이 중요하다고 봅니다. 또한 그런 방송에서 콘텐츠를 전달하는 아나운서의 역할과 기능 또한 빼놓을 수 없는 중요 요소라고 생각합니다. 매체를 통해 일반 대중과 소통할 수 있는 아나운서가 제 성격이나 적성에도 잘 맞는 것 같고요. 제 역량을 잘 발휘하고 보람을 얻을 수 있는 직업이라고 생각해서 일찌감치 결심을 했고 준비를 많이 해서 지원하게 됐습니다."

이 정도 답변이라면 무난하지 않을까? 사실 필자도 정답이 무엇이라고 말하기는 어렵다. 다만 아나운서 경험을 활용해 연예계나 정계로 진출하겠다는 뜻을 내비친다면 좋은 점수를 받을 수 없다는 점은 명심하기 바란다. 끊임없이 고민하면서 자신이 왜 아나운서가 되려는 가에 대한 답을 찾기 바란다.

그리고 답변할 때는 절실함과 열정을 자신감 있게 호소하도록 하자. 물론 아나운서가 되기 위해 어떤 노력을 했느냐는 추가 질문에 대한 답변도 중요하다. 그만큼 절실하게 호소했다면 자신이 해온 노력을 증명해야 한다. 뉴스 앵커를 하기 위해 시사 이슈를 놓치지 않고 따라잡기 위해 신문 기사와 방송 뉴스를 꾸준히 봤다는 점, 뉴스 전달을 위해 롤 모델 누군가를 정해놓고 따라 하는 연습을 꾸준히 했다는 점, 올바른 방송언어 구사를 위해 스터디 그룹을 통해 우리말 고운 말을 비롯해 발성 발음 연습을 꾸준히 해왔다는 점, 이런 것들을 강조하는 게 좋겠다.

그 외에 상황을 주고 어떻게 하겠는가 하는 식의 질문도 다양하게 쏟아진다.

"음악 프로그램 아나운서라고 생각하고 오프닝 멘트를 해 보세요."라거나 "대통령 신년 기자회견이라고 생각하고 옆 사람과 서로 질문 답변해 보세요."와 같이 즉석에서 돌발 상황을 주고 해 보라는 식의 주문도 있다.

순발력과 상황 대응력을 평가하는 것이니 누가 더 긴장하지 않고 부드럽게 진행하느냐가 관건이다. 강조하지만 이런 것은 평소 연습해 두지 않으면 쉽게 나오지 않는다. 여러 가지 예상 질문을 짜놓고 그에 대한 연습을 반복하고 또 반복하며 연습하는 수밖에 없다.

그 외에는 이력서(입사지원서)와 자기소개서에 쓰인 내용과 관련한 질문이 쏟아질 것이다.

- 짧은 경력이 여러 가지 있는데, 직장을 자주 옮긴 이유가 뭔가요?
- 미국 연수 1년 경험이 있네요. 가장 기억에 남는 건 뭔가요?
- 취미가 스킨스쿠버군요. 어디에서 잠수했던 게 가장 좋았나요? 위험에 처했던 적은 없나요?

이런 식이다. 그러므로 이력서, 자소서 내용과 연관 지어서 나올 예상 질문을 생각하고 답을 미리 생각해서 자문자답해 보는 게 좋다. 그리고 가급적 자신에게 유리한 질문이 나오도록 이력서와 자소서를 쓰는 것도 훌륭한 방법이다.

종편 채널에서 기자 생활을 1년 하고 지역 방송사 아나운서로 전직한 여성은 자신이 지상파 방송사 아나운서 공채에 최종 면접까지 가지 못한 채 3차에서 떨어진 이유에 대해 이렇게 자체 분석했다.

"방송사에서는 다양한 역할이 가능한 아나운서를 원했던 모양인데, 저는 리딩도 그렇고 보도만 해서 오히려 마이너스였던 것 같아요. 방송기자를 했던 게 플러스도 되지만 아나운서만 한 사람보다는 조금 힘 있는 멘트가 경직되어 있다고 느꼈는지 마이너스가 된 것 같아요. 제가 기자 출신이라서 생글생글한 이미지나 친화력이 없어 보였을 수도 있고요. 그리고 도회 이미지를 갖고 있는 것도 좀 마이너스였던 것 같아요. 당시 최종에서 뽑힌 사람은 평범하면서도 밝은 이미지였던 것 같아요."

073

면접 때 노래도 불러야 하나요?

그런 경우가 종종 있다고 한다. 면접 도중 갑자기 "노래 잘해요?"라고 묻는다. "아주 잘하지는 못하지만 못하는 편은 아닙니다. 노래방도 가끔 가고요. 노래를 즐기는 편입니다."라고 답했다고 치자. 그러면 면접관이 곧바로 훅 들어온다.

"제일 좋아하는 노래 한 소절 불러보세요."

면접 때 웬 노래를 불러보라고 하는가 의아할 것이다. 이유가 있다. 얼마나 순발력 있게 대응하는지, 긴장하지 않고 상황에 대처하는 능력이 있는지를 보는 것이다. 또한 방송인으로서 끼가 있는지를 보는 측면도 있다. 아나운서라면 예능 프로그램에 투입될 수도 있으니 끼가 있어야 한다. 방송은 이렇게 예기치 못한 상황에 부닥치는 경우가 적지 않은데 방송 진행자들이 위기의 순간을 잘 넘기는 역량을 갖추고 있어야 하기 때문이다.

실제 K 방송사에서는 이렇게 노래를 해 보라는 면접관 주문이 과거에 일상적으로 있었고, 몇 년 전 한 지역 민방에서는 이런 질문도 있었다고 한다.

"봄 프로그램 개편 때 새로 시작하는 프로그램을 진행한다고 가정하고 봄 노래 한 소절 부르며 오프닝 멘트를 해 보세요."

이렇게 돌발적인 주문에 잘 대응할 수 있을까? 평소 연습과 대비가 되어 있지 않다면 쉽지 않을 것이다. 그래서 이런 여러 가지 상황을 전제한 연습을 평소에 해 두어야 한다.

074

아나운서에게 순발력이 왜 필요한가요?

뉴스 진행이든 대담 진행이든 쇼 진행이든 예정된 대본대로 간다면야 굳이 순발력이 중요하지 않을 것이다. 그러나 방송은 죽어있는 게 아니다. 살아 움직이는 게 방송이다. 방송 도중에 일어나는 사고에 아나운서가 잘 대처하지 못하면 그 방송은 망치게 된다.

태풍 현장에 나가 있는 취재기자를 중계차로 연결한다고 했는데 갑자기 신호 이상으로 연결이 되지 않거나, 대형 화재 목격자를 전화로 연결했는데 말하던 도중에 전화가 끊기거나 하는 크고 작은 방송 사고가 생방송 중에 빈번하게 발생하기 때문이다.

실제 초보 아나운서는 이런 돌발 상황에 얼어버린다. 3초 이상 묵음은 방송에선 사고다. 프롬프터에만 의존해서 읽는 데만 익숙한 아나운서들은 시시각각 변하는 상황에 대처하는 역량이 떨어진다. 그런 초보 아나운서들의 방송 진행을 지켜보고 있노라면 답답할 뿐이다. 시청자들은 어떻게 생각하겠는가? 바로 채널 돌아가는 소리가 들린다.

프롬프터가 고장 나도 자기만의 언어로 상황을 이끌어나가야 한다. 준비된 원고에 없는 내용이라고 해도 어떻게든 방송을 이끌어 나가야 하는 것이 진행자의 역할이다. 또 출연자가 너무 긴장해서 말을 잘 못한다면 어떻게 할 것인가? 질문을 했는데, 네, 아니오 식의 단답식으로만 해서 흐름이 끊긴다면? 출연자를 편안하게 해주는 것도 진행자의 몫이다. 출연자가 잘 답변하도록 유도하는 것도 진행자의 몫이다.

한 현직 아나운서는 "우아하게 프롬프터만 잘 읽는 아나운서는 경쟁력이 없어요. 예쁘고 목소리만 좋아서도, 읽기만 잘해서도 안 돼요. 그건 성우, 연예인, 아이돌이 대체할 수 있으니까요."라고 목소리를 높였다.

075
책도 많이 읽어야 하나요?

면접관의 단골 질문 중 하나. "최근 읽은 책이 뭔가요?"

응시생이 책을 많이 읽는 편인가를 알아보기 위해 던지는 질문이다. 독서량이 많다는 것은 그만큼 상식과 교양의 폭을 넓혀주는 것일 테니 말이다. 답변에서 최근 주목을 받고 있는 책을 읽었다고 답하는지 예전 책을 이야기하는지를 보면 알 수 있다. 물론 최근 책을 읽지 않았다고 해서 탈락시키지는 않는다. 대신 최근 화제가 되었던 책을 읽었다고 하면 좋은 점수를 받을 것이다. 아무래도 면접관들은 트렌드를 잘 쫓는 사람에게 호감을 갖게 되어 있다.

면접관이 자신은 읽어보지 않은 책을 읽어봤느냐고 응시생에게 질문하는 경우도 실제 있었다. 최근에 나온 책으로, 일부 화제가 되었지만, 응시생이 읽어봤으리라고 기대하지 않고 던진 질문이었다. 그런데 응시생이 "네"라고 대답했고, 주요 내용과 자신의 감상을 곁들여 이야기했다. 결국 해당 도서를 읽지 않은 채 질문을 던졌던 면접관이 오히려 당황했다고 한다. 간혹 면접관들은 응시생들을 압박하고 반응을 보기 위한 공격적 질문을 던지는데 어떤 특정 책을 읽어봤느냐는 질문도 그중 하나이다.

076
이미지 메이킹은 어떻게 하나요?

사람을 만날 때 첫인상이 중요한 것처럼 면접도 인상이 중요하다. 아나운서로 실제 활동할 때도 인상이 중요하다. 그래서 이미지 메이킹이 중시된다.

이미지는 타고나는 것도 있지만 만들어지는 부분도 무시할 수 없다. 메이크업, 헤어, 의상, 표정, 자세, 손짓 등 보디랭귀지 등으로 만들어질 수 있다. 어깨를 쭉 펴고 허리를 꼿꼿이 세우고 손은 바르게 모으는 자세만 잘 갖추더라도 달라 보인다. 어깨가 구부정하고 허리는 굽고, 다리를 떨거나 한다면 어떤 이미지가 만들어지겠는가? 눈이 매섭게 보이는 메이크업이라든가 얼굴형과 어울리지 않는 헤어스타일을 하는 것도 이미지를 좋지 않게 만드는 요소로 작용할 것이다.

하지만 꾸며진 이미지가 티가 나는 것은 오히려 마이너스로 작용할 수 있다. 평소에 자기에게 어울리는 메이크업을 찾아 스스로 할 줄 알고, 의상도 자신에게 가장 잘 어울리는 색깔과 스타일을 찾아야 한다. 발품을 팔아라. 자신에게 맞는 메이크업 숍도 찾고 의상 숍도 찾아야 한다. 평소 준비하지 않았다가 면접이 잡혀 부랴부랴 찾으면 자신도 어색하게 느껴질 것이고 그렇게 되면 면접장에서 자신감을 잃을 수 있다.

한 현직 아나운서의 조언을 들어보자.

"연예인 같은 외모에 미인대회 출신도 많지만 그런 미모의 기준이 아닐듯합니다. 카메라 앞에서 아나운서를 흉내 내는 순간의 모습이 아니라 평소 유지하는 자세와 태도, 인상이 중요한 것 같아요. 면접도 온에어라고 생각하면 어떨까요."

충분히 공감 가는 말이다.

077

방송아카데미에 다니는 게 효과가 있나요?

전직 아나운서 출신 강사들이 기초 스킬 교육을 잘해주기 때문에 당연히 도움이 된다. 일반적으로 방송아카데미에서는 뉴스 리딩을 기본으로 프로그램 MC, 다큐멘터리 프로그램 내레이션, 현장 리포팅 등 방송 아나운서에게 필요한 기초 역량을 가르친다. 3개월 또는 6개월 과정으로 운영되는 경우가 보통이다. 카메라 앞에서 실제로 방송을 해볼 수 있는 예비 연습의 기회가 주어지기 때문에 실전 연습 없이 도전하는 다른 응시생들에 비해 유리할 수밖에 없다. 생전 처음 카메라 앞에 서는 것과 비교하면 긴장의 정도부터 다르지 않겠는가.

아카데미 강사로부터 받는 교육 외에 수강생들끼리의 스터디그룹 활동도 도움이 된다는 게 적지 않은 아나운서들의 말이다. 대부분의 아카데미나 학원은 수강생들에게 스터디그룹 활동에 필요한 강의실과 시설을 이용할 수 있도록 해준다. 수강생들끼리 네다섯 명씩 스터디그룹을 짜서 카메라 앞에서 뉴스 원고 리딩을 해 본다든지, 방송 프로그램 진행의 연습 과정을 카메라로 촬영해 보고 서로 의견을 주고받는 식으로 상호 코칭을 통해 훈련하고 연습하는 것이다. 집에서 셀카로 찍은 영상을 카톡방에 올려 서로 평가하고 조언해 주는 방식도 있다. 물론 방송아카데미를 다녔다고 해서 방송사 아나운서 공채 또는 특채에 반드시 합격한다는 보장은 없다. 요즘은 대부분 방송아카데미나 학원을 다니며 준비하는 경우가 많고 습득 능력에 개인차가 있을 수 있기 때문이다.

실제 아나운서들 이야기를 들어보면 대부분 방송아카데미를 다녔고 실제 큰 도움을 받았다고 말한다. 방송 스킬을 배우는 것도 큰 도움이 되지만 방송사 아나운서 채용 정보를 습득할 수 있는 좋은 경로이기 때문이라는 것이다. 특히 지상파 3사 외의 방송사에 결원이 생기거나 신규 아나운서가 필요할 경우 방송아카데미에 추천을 의뢰하는 경우가 있다. 그래서 이런 추천을 통해 아나운서의 길로 들어설 수 있기 때문에 방송아카데미에 다니는 지망생들이 많다. 먼저 작은 규모의 방송사 아나운서를 경험하고 경력을 쌓은 뒤 지상파 3사와 같은 큰 규모의 방송사 아나운서에 도전하는 이들도 적지 않다. 하지만 너무 이론 교육에만 치중하는 방송아카데미는 추천하지 않는다. 실전이 중요하기 때문이다. 현장 경험이 풍부한 강사로부터 생생한 실전 교육을 받아야 한다. 실제 카메라 앞에서 진행해 보고 이를 촬영해 보면서 완성도를 높여나가야 한다. 실제 채용 과정에서 수많은 응시생들의 면접을 실시하기 어려운 경우 포트폴리오 영상으로 대체하는 경우도 있기 때문이다.

078

신입 아나운서 채용 때도 경력자가 유리한가요?

아무래도 경력이 있으면 도움이 된다. 경력이라고 하면 일반적으로 방송사에서 뉴스나 교양 프로그램 등을 진행한 경력을 말하는데, 이런 경력을 통해 방송에 친숙함을 갖고 있고 동시에 순발력 등 아나운서로서의 역량을 갖추고 있을 것으로 판단되기 때문이다. 아무 경력이 없는 '초짜'보다는 방송에 적응하는 속도가 빠르지 않겠는가. 실제 최근 K 방송사에서는 Y 방송사 3년 근무 경력을 가진 30세 여성을 신입 아나운서로 채용하기도 했다. 과거에는 대학을 갓 졸업한 앳된 응시생을 뽑는 것이 일반적이었지만 요즘에는 경험을 우선시하는 트렌드가 있는 것 같다.

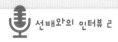
지금 이 순간의 기록, 뉴스

Q 뉴스 전문 채널 앵커의 일과는 어떤가요?

뉴스 속에서 살아가는 일상이에요. 아침에 눈을 떠서 잠들 때까지 속보가 있는지 체크하고 신문 방송의 기사 제목을 머릿속에 정리해요. 그것이 일로 느껴지지 않을 정도로 뉴스의 흐름이 일상과 섞여 있어요.

Q 지상파 뉴스 아나운서와 뉴스 전문 채널의 앵커는 어떤 차이점이 있나요?

지상파의 경우 교양 · 예능 등 다양한 프로그램을 소화한다면 뉴스 전문 채널은 뉴스 진행만을 전문으로 해요. 최근 추세를 볼 때 지상파 아나운서로 입사한 경우 뉴스보다는 교양 · 예능의 진행자나 출연자로 활약하는 경우가 많죠. 만약, 방송인으로서의 끼를 발휘하는 것에 보다 중점을 둔다면 뉴스 채널 앵커의 길은 추천하지 않아요.

Q 뉴스 앵커가 되기 위해 어떻게 준비했나요?

방송에 적합한 오디오와 비디오, 그리고 깊이 있는 전달을 위한 시사 상식 공부가 중요해요. 오디오는 끊임없는 리딩 연습이 필수죠. 뉴스 리딩을 녹음해서 발음이나 띄어 읽기, 목소리 톤을 끊임없이 수정해 나가야 해요. 반복 연습을 통해 독력을 키우면 한층 안정적인 뉴스 리딩이 가능해요. 신뢰성 있는 비디오도 시험 합격의 필수적 요소예요. 연예인 같은 외모를 갖춰야 하는 것이 아니라 신뢰감 있는 인상, 호감 가는 인상을 갖는 것이 중요하죠. 헤어스타일이나 면접을 위한 옷차림, 카메라 앞에서의 표정 등에 대해 꼼꼼한 준비가 필요하죠.

Q YTN은 뉴스 앵커를 뽑을 때 가장 중시하는 점은 뭔가요?

뉴스는 정확한 정보 전달이 필수이기 때문에 안정적인 오디오 톤과 정확한 발음을 갖추는 것이 가장 중요해요. 또, 카메라 실기에서 속보 전달 능력을 테스트하기 때문에 뉴스의 내용 흐름을 잘 숙지해야 하고 핵심을 간략하게 전하는 연습이 필요해요.

Q 뉴스 앵커가 갖춰야 할 중요한 자질 세 가지는 무엇인가요?

첫째, 뉴스 내용면에서의 정확성 둘째, 속보 상황에서의 안정감 셋째, 매일매일 쏟아지는 뉴스에 대한 강한 열정이에요.

Q 가장 보람 있었던 경험이 있다면요?

일본 대지진, 천안함 사건, 세월호 참사 등 사회의 굵직한 뉴스들을 최일선에서 가장 먼저 전할 때마다 보람을 느껴요. 뉴스에 대한 저의 열정이 전문가로부터 더 좋은 답변을 끌어내고, 시청자에게 쉽고 친절한 설명이 됐을 때는 피로도 잊게 되죠.

Q 방송 중 생겼던 재미난 해프닝이나 에피소드도 소개해 주세요.

새내기 앵커 시절 조류인플루엔자 관련 속보를 전하던 중 병아리가 사망했다고 발언했어요. PD 선배가 "아예 돌아가셨다고 하지?"라며 웃으셨는데, 앵커의 용어 선택이 얼마나 신중해야 하는지 다시 깨닫는 기회가 됐죠.

Q **예능 아나운서가 아닌 뉴스 앵커의 장점은 무엇인가요?**

뉴스는 우리가 살아가는 오늘, 지금 이 순간의 기록이에요. 그 기록의 최전선에서 수많은 시청자와 호흡할 수 있다는 건 대단한 특권이고 감사할 일이라고 생각해요.

Q **선배로서 아나운서 지망생에게 한 말씀 부탁드려요.**

기자, 앵커 등 언론인의 길은 겉으로 화려해 보일 수 있지만 노동 강도가 셀 뿐 아니라 상당한 정신적 스트레스가 따라요. 직업의 비전이나 연봉, 처우도 밖에서 바라보는 것보다 열악한 경우가 대다수고요. 그럼에도 하고 싶은가, 한다면 어떤 모습의 언론인이 될 것인가 등을 끊임없이 자문하고 노력하는 것이 중요합니다.

김선영 YTN 앵커

9

필기시험의 성패는
글쓰기

언론사 입사를 위한 필기시험은 회사마다 다르지만 대체로 네 가지로 구성된다. 우리말 실력을 가늠하는 국어, 글쓰기 실력을 보는 논술·작문, 그리고 영어와 상식이다.

자신이 목표로 하는 언론사를 몇 군데 정해놓고 그 회사들의 전형, 기출 문제 등을 살펴보고 맞춤형 준비를 하는 것이 좋다.

079
국어

국어는 객관식과 단답형 주관식이 함께 출제되는 경우가 일반적이다. 시와 소설, 수필 같은 문학작품 또는 일반 지문을 통한 독해력을 테스트하고 맞춤법과 외래어 표기에 관한 문제, 그리고 한자 시험으로 구성된다.

따라서 고등학교 국어 공부를 다시 한다고 생각하고 준비해야 한다. 또한 최근 바뀐 표기법은 반드시 챙겨서 확인하는 것이 좋다. 일반 상식 교재나 공무원 시험 국어 교재를 활용하도록 하자.

일반적인 입사시험용 국어 교재를 구입해 공부하고 문제를 풀어보는 게 좋겠다. 한자는 한자검정 3급을 준비한다고 생각하고 관련 교재를 사서 공부하자.

080
영어

영어는 대체로 토플이나 토익과 같은 공인성적서 제출로 대체하는 경우가 많지만, 국어처럼 별도의 시험을 보는 언론사도 있다.

토익은 900점 이상의 고득점자가 늘어나는 추세여서 대형 언론사의 안정적 합격권은 900점으로 볼 수 있다. 800~850점이라면 영어 외의 다른 부분에서 상쇄할 무언가가 있어야 한다. 중소형 언론사라면 700점 이상이라면 가능하지 않을까 싶다. 자신이 목표로 하는 언론사의 영어 공익성적서 기준이 정해져 있는지 먼저 확인하고 그에 맞춰 점수를 확보해야 할 것이다. 전형에 맞춰 성적표를 낼 수 있도록 주기적으로 시험을 보고 점수를 받아놓는 것이 좋겠다.

조선일보처럼 별도의 영어 필기시험이 실시되는 언론사의 경우에는 어휘, 문법, 독해, 작문이 두루 나오기 때문에 평소 그에 맞춰 준비해야 한다. 대학원 입학시험용 영어문제집을 풀어보고 'VOCA 22000'으로 어휘력을 늘려보자. 이 밖에 외신 기사 번역이나 우리말 기사를 영어로 번역하는 연습을 해두는 것이 유리하다.

영자신문이나 자신이 목표로 하는 언론사의 인터넷 홈페이지에서 영문 서비스를 찾아 들어가 기사를 번역하거나 베껴 쓰는 연습을 해보자. 특히 영어를 어느 정도 잘하더라도 시사용어를 영어로 옮기는 것은 쉬운 일이 아니므로 영문 기사를 통해 시사용어를 익히는 것이 중요하다.

081
상식(종합교양)

다른 과목도 마찬가지겠지만 상식은 하루아침에 쌓아지지 않는다. 언론사 준비생이라면 꾸준히 공부해야 한다. 정치, 경제, 사회, 역사, 예술 등 다양한 분야의 일반 상식과 더불어 신문과 방송을 통해 핫하게 다뤄지는 현안과 관련한 시사 상식을 동시에 공략해야 한다. 따라서 일반 상식 관련 교재 한 권과 기출문제집을 구입해 꼼꼼히 정독하자. 정독 후에는 키워드 노트 또는 오답 노트 같은 것을 만들어 복습하자. 또 매일 주요 뉴스 스크랩을 통해 핫이슈를 팔로우업하자. 많은 언론사들이 공통으로 다루는 기사를 선정해야 한다. 아이템은 언론사 공통의 아이템으로 선정하되 스크랩을 할 기사는 목표로 하는 언론사의 기사를 선택한다면 효과가 배가될 것이다.

언론사에서 출제하는 상식은 출제 당시의 가장 뜨거운 현안 중에서도 일부 나올 가능성이 높다는 점을 잊지 말자. 상식 공부는 혼자서 하는 것보다 언론사를 준비하는 이들과 스터디를 조직해 함께 하는 것이 도움이 될 것이다.

082
논술 · 작문

논술과 작문은 글솜씨를 겨루는 시험이다. 어휘력과 표현력, 논리력, 창의력, 구성력이 요구되는 시험이다. 신문사든 방송사든 기자는 글쓰기가 기본인 만큼 여기서 당락이 갈라진다고 해도 과언이 아니다.

아나운서의 경우도 말로 표현하기에 앞서 글로 자신의 생각을 표현하는 역량을 기본적으로 요구받는다. 어떤 주제에 대한 논리를 전개해 나갈 때 기본적인 배경지식이 있어야 글을 써나갈 수 있다.

먼저 논술을 써 내려가기 전에 다른 메모지에 키워드로 글의 구성을 하라. 도입부와 본론, 결론에 담을 내용을 어떻게 구성할지 몇 가지 생각나는 단어를 써보자. 그리고 그 내용을 채울 사례, 통계치, 제삼자의 워딩, 자신의 의견과 관련한 키워드를 사이사이에 넣어보자.

그렇게 잠시 생각을 가다듬으며 키워드를 배치하고 그것이 완성되면 키워드를 중심으로 파생되는 문장을 이끌어내 이야기를 풀어나가자. 기본적으로 논술은 채점자들이 볼 때 논리적으로 앞뒤가 맞는 이야기라야 한다. 횡설수설 앞뒤가 맞지 않으면 불합격이다. 또한 장황하게 쓰지 말고 간결하고 명료하게 써라. 채점자가 한 번에 죽 읽어 내려갈 수 있도록 써야 좋은 점수를 받을 수 있다. 채점자들은 소수의 답안지만 채점하는 게 아니다. 수백 명이 쓴 원고를 읽어야 하는데, 복잡하고 장황한 글은 눈에 들어오지 않는다.

쉽고 간결하되 납득이 가는 글, 시의성이 담긴 글, 주제와 관련한 사례에다 통계 자료까지 들어간다면 좋은 점수를 받을 것이다. 평소 해당 언론사의 사설이나 고정 칼럼 같은 코너를 자주 읽고 베껴 써 보고, 그 글의 구조를 의식적으로 생각하며 다른 주제에 관해 써 보는 연습을 한다면 큰 도움이 될 것이다.

083
논술에 어떤 문제가 나오나?

2019년 하반기 모 방송사 논술고사 주제는 아래와 같았다.

　# 최근 지소미아 논란의 근원을 진단하고 바람직한 한미 관계의
해법을 제시하시오.

　지소미아는 논술고사가 치러질 즈음 가장 뜨거운 이슈 중에
하나였다. 평소에 핫이슈는 잘 팔로우업하고 자신의 생각을 다
듬어놓을 필요가 있다는 뜻이다. 전혀 생각지도 못한 주제에 대
해 어떻게 글을 쓸 수 있겠는가? 논술고사 출제자 역시 다 지나
간 이슈를 문제로 꺼내지는 않는다. 가장 최신 현안에 대해 출
제하는 것이 일반적이다.
　나올만한 논술고사 주제를 살펴보자.

　Q 급속히 확산되고 있는 신종 코로나바이러스(코로나19)의 국내
침투를 저지하기 위한 방역 당국의 대책을 평가하시오. 특히 말레이
시아 정부가 중국인 입국 금지 조치를 내린 것과 관련, 한국 정부도
같은 조치를 취해야 하는지에 대한 의견을 피력하시오.

Q 정부가 밝힌 북한 금강산 관광 재개 방침에 대해 해리 해리스 주한 미국 대사가 남북 협력 사안은 미국과 협의해야 한다며 견제했다. 남북 협력과 한미 동맹의 균형적 발전 방안에 대해 논하시오.

Q 일부 정당에서는 코로나19 사태의 심각성을 들어 4.15 총선 연기론을 주장하고 있고 정부는 불가 방침을 표명했다. 그 이유를 분석하고 자신의 견해를 설명하시오.

084

어떤 논술이 잘 쓴 논술인가?

필자는 간단히 말해 세 가지를 꼽는다.

1 논리적으로 전개한 글

2 풍성한 팩트를 담되 오류가 없는 글

3 알아보기 좋게 또박또박 쓴 글

이야기의 흐름이 잘 이어지는 구성력이 필요하다. 그리고 글이 전개되는데 무리가 없는 논리가 필요하다. 물론 글은 사실을 토대로 써야 한다. 풍성한 사실과 사례를 논거로 활용해야 한다. 잘못된 정보를 토대로 쓰면 점수가 깎인다.

1번과 2번만큼 중요한 것이 3번이다. 휘갈겨 쓴 글씨는 읽고 싶지조차 않은 게 인지상정이다. 수많은 시험지를 채점해야 하는데, 굳이 알아보기 어려운 걸 읽을 필요가 있겠는가? 성의 없는 글씨체, 초등학생보다 못 쓴 악필은 대충 읽어보다 나쁜 점수를 주게 된다.

085

평소 논술 대비 요령 1.
뉴스 볼 땐 빨간 펜을 들고 봐라!

그냥 틀어놓고 보는 수동적 태도로는 뉴스 보는 눈이 생기지 않는다. 수동적 시청 행태는 그저 시청자로 그칠 뿐이다. 당신이 뉴스 공급자가 되기 위해서는 수동적 수요자에서 벗어나 평가자가 되어야 한다. KBS 9시 뉴스를 본다고 하자. 일단 형식을 보자. 리포트인가, 영상 구성인가, 단신인가, 기자 출연인가, 기자 현장 중계인가, 전문가 출연인가. 기사의 형식을 구분할 줄 알아야 한다.

리포트의 경우 앵커 멘트를 유심히 들어보자. 먼저 그가 전할 기사 내용에 귀가 솔깃해지는 멘트인가 그렇지 않은가, 앵커 멘트가 나가는 동안 앵커 백에는 어떤 그림과 어떤 자막이 담겨 있는지, 그것들이 멘트와 조화를 잘 이루는지 보고 평가해 보자.

리포트는 도입 첫 문장을 눈여겨보자. 첫 그림이 눈길을 끄는지, 기사 멘트와 맞아떨어지는지, 스토리 전개가 물 흘러가듯 이어지는지, 인터뷰와 기사 내용이 중복되지는 않는지, 인터뷰는 적절한 타이밍에 나오는지, 인터뷰 장소가 뉴스 아이템 성격과 맞는지, 영상 편집은 생동감 있게 돼 있는지, 자료 화면이 너무 많이 들어간 건 아닌지, 기자 스탠드업의 장소는 기사 내용과 어울리는 적합한 장소인지, 기자 스탠드업이 무미건조하지는 않은지, 굳이 저 장소에서 스탠드업을 한 이유는 무엇인지, CG는 적절히 넣었는지, CG 디자인이 촌스럽지는 않은지, 자막은 적절히 넣었는지, 너무 길지는 않은지, 오탈자는 없는지, 중언부언 기사가 쓸데없이 길지는 않은지…. 이런 것들을 따져가며 본다면 뉴스에 대한 평가를 할 수 있게 될 것이다. 물론 한 번 훅 지나가는 뉴스를 보며 이 많은 항목을 한꺼번에 평가하는 게 쉬운 일은 아니다. 그러므로 다시 보기를 통해 몇 차례 반복 시청하면서 평가해 보자. 이런 식으로 하다 보면 당신은 벌써 데스크의 역량을 키워가고 있음을 느끼게 될 것이다.

086

평소 논술 대비 요령 2.
신문 읽을 때도 빨간 펜을 들어라!

신문은 종이신문으로 읽어야 제맛이다. 무엇을 1면 톱기사로 배치했고, 1면 사이드 톱기사로 배치했는지, 힘을 준 기획기사는 무엇인지 등을 파악하려면 종이신문으로 읽어야 한다. 그러나 현실은 종이신문을 읽는 사람이 매우 적다는 것이다. 인터넷을 통해 기사를 읽을 수 있으니까 말이다. 그렇다면 네이버와 같이 포털 사이트에서 읽지 말고 언론사 홈페이지에 가서 읽어라. 그래야 해당 언론사의 편집 방향을 알 수 있다. 당신이 들어가고자 하는 언론사의 편집 방향을 알면 논술고사나 면접에서도 도움이 된다.

　일단 기사를 읽을 때는 제목에 밑줄을 그어라. 제목 한 줄에 기사의 핵심 내용이 잘 담겨 있는지 평가해 보라. 너무 선정적이거나 자극적이지는 않은지, 제목만 거창한지, 리드 문장과 둘째 셋째 문장이 역피라미드 구조로 되어 있는지, 후반으로 갈수록 읽지 않아도 내용 전달에 문제가 없는지 따져보며 읽자. 문장이 간결한지, 어휘는 잘 선택한 건지, 좀 더 쉬운 단어로 대체할 수 있는지, 복문이라면 단문으로 쪼갤 수 있는지, 취재원은 구체적으로 밝혔는지, 기자의 주관적 생각이 너무 많이 담긴 건 아닌지 등을 따져보면서 두 번, 세 번 읽어보자.

087

평소 논술 대비 요령 3.
일기를 쓰면 논술의 절반은 성공

글쓰기가 하루아침에 이뤄지는 것은 아니다. 쓰다 보면 는다. 가장 좋은 것이 일기다. 자신이 그날 한 일, 누구를 만나서 무슨 대화를 나눴고 어디에 가서 무엇을 했는지, 이런 이야기를 써보자. 대신 좀 더 디테일하게 만난 사람은 무엇을 하는 사람이고, 당신과의 관계는 무엇이고, 어떤 옷을 입었고 말투는 어땠는지, 만난 장소는 어디이고 분위기는 어땠는지, 그날 날씨는 맑았는지 흐렸는지, 더웠는지 추웠는지, 두 뺨이 꽁꽁 얼 것처럼 강추위가 기승을 부렸는지…. 이런 식으로 표현력과 묘사력을 늘려가다 보면 당신의 기사 표현력이 풍부해질 것이다.

088
평소 논술 대비 요령 4.
하루에 기사 한 개씩만 필사해 보자

그냥 남이 쓴 기사를 베껴 써 보는 것도 도움이 된다. 하루에 TV 기사 한 개, 신문 기사 한 개를 골라 베껴 써 보자. 베껴 쓰면서 음미해 보고 나라면 이렇게 쓸 텐데…라고 생각도 해 보자. 한 달, 두 달, 석 달이 지나면 기사 보는 눈이 생기고 기사 쓰는 눈도 생길 것이다.

089

평소 논술 대비 요령 5.
토론해 보는 것만큼 확실한 생각 정리는 없다

기사를 베껴 쓰고 평가해 보는 버릇이 생겼다면 그 기사 내용을 가지고 주변 사람들과 토론해 보라. 사람마다 사안에 대한 의견, 평가는 다르기 마련이다. "이 기사는 너무 편향적이야. 내 의견과 달라." 이런 반응을 보이는 경우도 있을 것이다. 자신의 정치 성향이 보수라면 진보적 성향의 사람과 대화할 필요가 있다. 반대도 마찬가지다. 다른 생각을 들어보고 토론해 보는 것이 논리적인 생각을 만들어낼 수 있고 그래야 글도 논리적으로 쓸 수 있게 된다.

논술 준비 핵심 정리

1 최신 이슈에 관한 기사를 꼼꼼히 읽고 그대로 베껴 써 보기

2 그 이슈에 대한 자신의 생각을 머릿속에 정리해 보기

3 그 이슈를 놓고 친구와 토론해 보기

4 토론 후 글로 써 보기

5 일주일에 한두 가지 이슈로 위와 같이 해 보기

090
논술과 작문은 어떻게 다른가?

언론사에 따라 논술과 작문을 따로 출제하거나 직무별로 기자는 논술, 아나운서는 작문을 출제하는 경우가 있다. 그렇다면 논술과 작문은 어떻게 다른지를 알아야겠다. 논술은 "~에 대하여 논하시오."와 같이 특정 이슈에 대한 논리적 사고의 전개를 요구하는 것이고, 작문은 그야말로 학교 백일장 때처럼 글짓기라고 보면 쉽게 이해가 갈 것이다.

논술이 딱딱하고 무거운 주제에 관한 것이라면 작문은 '10년 후 나에게 편지 쓰기(울산 MBC, 아나운서·기자)', '30년 후의 나의 하루(UBC 울산방송)'와 같이 소프트한 주제로 수필 형식을 빌려 쓸 수 있는 것이 주종을 이룬다.

작문은 논술에 비해 자유롭게 작성하는 것이므로 논리력보다는 감성적 표현력과 창의성, 재미를 더 요구한다고 볼 수 있다. 읽는 사람이 재미있게 읽고 뭔가 머릿속에 남는 여운을 준다면 성공이다. 따라서 작문 주제를 부여받았을 때 먼저 스토리의 얼개를 짜야 한다. 이는 논술도 마찬가지다. 키워드를 나열하고 거기서 파생시킬 수 있는 또 다른 관련 단어를 배치하며 기초 설계를 한 뒤 본격적으로 글을 써 내려가는 게 좋겠다.

091

작문은 어떻게 써야 하나?

작문 주제가 '30년 후의 나의 하루'라고 하자. 지망생의 나이를 20대 중반이라고 가정하면,

나이 50대 중반, 보도국장, 퓰리처상, 로봇 비서, 자율주행 차량, AI, 통일 한국, 달나라 여행.

이 정도로 뽑아보자.

30년 후에 나는 50대 중반이고, 내가 원하는 기자가 되어 보도국장이 되어 있을 것이라고 가정해 보자. 또 기자 생활을 하면서 세계적 특종을 해 퓰리처상을 받았다고 상상해 보자. 이미 그 시대에는 과학기술의 발달로 자율주행 차량이 보편화되어 있고 인공지능을 갖춘 로봇이 비서 역할을 하며 AI로 인해 직업도 지금과는 매우 다르게 형성되어 있을 것이다. 한국은 남북이 통일되어 있고 달나라 여행도 보편화되어 있다고 치자. 그렇게 달라진 환경 속에서 당신의 하루를 상상하며 묘사해 보면 어떨까.

채점자들이 원하는 것은 톡톡 튀는 상상력과 그 상상의 결과를 아기자기하고 다양한 어휘로 잘 표현하는지, 물 흐르듯 스토리가 전개되는지를 평가할 것이다. 또한 주제와 관련한 충분한 지식을 갖추고 있다는 점을 보여준다면 가점을 얻을 것이다.

작문이든 논술이든 글쓰기를 잘하기 위해서는 많이 읽고 많이 써 보고 많이 생각해 봐야 한다고들 한다. 그런데 이것은 하루아침에 되는 것은 아니기 때문에 어린 시절부터 책 읽는 습관을 들여야 한다. 많이 읽으면 아는 게 많아지고 어휘력과 표현력이 좋아질 수밖에 없다. 글을 쓸 때 그만큼 쓸 재료가 많아지고 쓰는 방식도 한층 고급스러워질 수 있는 것이다.

언론고시를 준비하는 동안이라도 소설과 수필, 역사 등 장르별 스테디셀러를 골라 꾸준히 읽는다면 큰 도움이 될 것이다. 하루 한두 시간씩 책을 읽으면서 인용할 만한 문구는 따로 메모장에 정리해 두었다가 작문에 쓸 기회를 잘 잡아보자.

책을 읽은 후에는 간단하게 책의 내용을 요약해 보자. 내용을 요약하는 것도 그리 쉬운 작업은 아니다. 300페이지 안팎의 책을 A4용지 서너 장으로 요약한다는 것은 해당 책의 줄거리와 핵심 내용을 파악해야 가능한 것이기 때문에 책을 읽으면서도 주요 내용과 인용할 만한 문구에 밑줄을 치는 것을 게을리하지 말아야 한다. 요약이 끝나면 거기에 담긴 핵심 내용에 대한 자신의 견해를 써 보자. 그렇게 쓴 글을 조금씩 고쳐보면서 업그레이드해 보자. 글은 고칠수록 빛나게 되어 있다.

그리고 나서 할 일은 쓴 글을 말로 해 보는 것이다. 혼자서 거울이나 벽을 보고 떠들어보는 방식도 좋고, 친구나 식구를 상대로 이야기해 보는 것도 좋다. 충분히 면접 연습이 될 것이다.

10

2019년 언론사
논술 · 작문 기출문제 유형 분석

2019년 언론사 논술 작문 시험의 기출문제를 살펴보며 대비해 보자. 언론사별 출제 방식이나 출제 경향을 읽을 수 있으니 참고가 될 것이다.

092
유형 1.
미디어 환경의 급변 속에 언론사가 나아가야 할 방향

언론사이므로 급변하는 언론환경 속에서 언론이 어떤 방향으로 나아가야 할지를 묻는 주제가 많다. 특히 자사가 나아가야 할 방향에 대해 논하라는 요구가 종종 있다.

[CBS 기자]

갈등과 대립이 첨예해지고 가짜 뉴스가 횡행하는 상황에서 화합과 소통을 위해 CBS가 추구해야 할 저널리즘의 지평을 논하시오.

[울산 MBC 기자]

미디어의 기술과 사회 변동에 대해 논하시오. 구텐베르크의 금속활 자술부터 모바일 미디어 시대까지

[원주 MBC 아나운서]

'뉴스는 프레임(Frame)으로부터 자유롭지 못하다'라는 명제를 사례 를 들어 설명하고, 극복 방안에 관해 서술하시오.

[EBS PD]

미디어의 상황과 방송 시청 트렌드를 고려할 때 EBS가 취해야 할 미래전략을 구체적으로 서술하시오.

[대구 MBC PD]

뉴미디어 시대에 지역 방송의 생존전략

특히 생존하기 위해 콘텐츠 활성화 또는 수익을 강화하는 방안을 묻기도 한다.

[SBS 기자]

전 세계 언론사들이 변화하는 뉴스 소비 형태에 대응해 생존 방안을 찾고 있다. SBS 저널리즘 발전 방안에 대해 논하라.

예시 1. 노르웨이 〈십스테드〉는 재난 발생 시 시민이 피해 가야 할 곳 등을 공유해 지도를 만드는 서비스를 제공했다. 이를 통해 온라인에서 백몇억 원의 수입을 기록했다.

예시 2. 영국 〈이코노미스트〉는 탈진실 시대에서도 정통 기사 생산 방식을 고수하며 주 1회 무조건 전체 회의를 한다.

* 예시 두 가지를 반드시 활용할 필요는 없음.

[TV조선 뉴미디어] (택 1)

1. 일반적으로 방송 콘텐츠는 뉴스와 방송 프로그램을 일컫는다. 네이버, 유튜브, OTT와 같은 뉴미디어 플랫폼을 이용하여 방송 콘텐츠 활성화 방안에 대해 논하시오.

2. BJ, 비스코브(?) 등 1인 미디어 강세. 그 속에서 방송의 경쟁력 강화를 논하라.

093

유형 2. 간단히 제목만 주고 자유롭게 기술

[동아일보]

일본 제품 불매운동

[조선일보 기자]

강남 좌파

[국민일보 취재기자]

기득권에 대해 논하시오.

[동아일보 DNA 기자]

청년실업과 정년 65세 연장

094

유형 3. 뉴스 보도의 문제점과 대책

[TV조선 기자]

언론의 자유와 책임을 논하고 가짜 뉴스 대책 논란의 문제점을 지적
하시오.

[MBC 취재기자]

최근 서울 신림동에서 새벽에 한 남성이 여성을 뒤따라가 집안으로
침입하려다 들어가지 못하고 문 앞에서 서성거리다 돌아간 사건이
있었다. 검찰은 이 남성을 주거침입 혐의와 강간 미수 혐의로 기소
했는데, 재판부는 주거 침입 혐의만 인정해 징역 1년을 선고했다. 이
판결에 대해 여성계는 '성폭행의 의도가 명백한데도 이를 인정하지
않은 재판부가 문제가 있다'라고 비판했다. 이런 사례처럼, 사회적으
로 주목받는 판결에 대해서 반발과 비판 의견이 나올 수 있다. 그렇
다면 언론은 사법부의 판단에 대한 비판 의견을 어떻게, 얼마나 보도
해야 한다고 보는가? 최종 심판으로서 사법부의 판단을 존중해 비
판 의견 보도는 최소화해야 한다고 보는지, 아니면 적극적으로 비판
의견을 전해야 한다고 보는지, 만약 그렇다면 그 '기준'과 '정도'는 어
떻게 정해야 한다고 보는지 본의의 의견을 논리적으로 서술하시오.

(위의 판결 사례는 문제 이해에만 참고하고 답변에서는 언급하지 마시오.)

[한국일보]

가짜 뉴스가 범람하고 있다. 탈진실 시대가 도래했다고 전문가들은 판단하고, 이로 인한 확증 편향도 심해지고 있다. 언론은 진보와 보수의 대립 해소는커녕 원인 제공자로 지목되기도 한다. 신뢰도도 떨어지고 명백한 보도마저 거짓으로 오인된다. 이 같은 환경에서 언론이 지향해야 할 가치 역할 지향점에 대해 다양한 관점에서 자유롭게 쓰라.

095
유형 4. 빅 이슈는 단골 주제

2019년 하반기를 뜨겁게 달궜던 큰 이슈 중의 하나는 일본에 대한 수출 규제와 한국의 지소미아 파기 선언 등으로 인한 한일관계 악화였다. 그것이 한미 관계에까지 영향을 미칠 만큼 파장이 컸으니 이런 주제를 많은 언론사가 논술 주제로 택한 것은 예상 가능한 일이었다.

\# [MBN 취재기자]

지소미아 파기의 본질과 바람직한 한미 관계 방향에 대해 논해라.

\# [OBS 기자]

수출 규제에 이어 화이트 리스트는 강제 노역 판결에 대한 보복성 조치이다. 이에 대한 일본 정부의 논리의 허점을 밝혀내시오.

\# [한국경제신문]

한일 경제 갈등의 원인, 양국의 대응방법, 해결책에 관해 서술하시오.

[경기일보 수습기자] (택 1)

1. 지소미아 파기 철회에 대한 소고

2. 지방 분권의 바람직한 방향

3. 언론인의 직업관

[춘천 MBC 방송 PD]

최근 한일 관계가 악화되고 있는 원인을 역사적 맥락에서 진단하고 한일 양국 정부에 대한 개인의 소견을 쓰시오.

공유 경제와 같은 사회 경제 트렌드, 특히 새로운 개념의 서비스 등장에 따른 이해관계 충돌과 법적 다툼으로까지 번지는 사회 갈등 이슈도 단골 주제로 선정된다.

[YTN]

타다의 기소에 대한 논란이 이어지고 있다. 타다에 대해 '혁신성장 동력'이라는 입장과 '위법 행위이자 택시산업 고사'라는 입장이 부딪힌다. 두 입장에 대한 자신의 생각을 밝히고 해결방안을 쓰시오.

[MTN]

타다는 혁신인가 꼼수인가.

[서울신문 취재기자]

혁신과 포용의 균형 관점에서 '타다'와 '개인택시' 간 갈등 사태의 해법을 논하시오.

조국 사태로 인한 사회 갈등에 관한 주제도 역시 예상 범위 내의 시험문제였다.

[뉴스 1] (택 1)

1. 조국 전 법무부 장관을 두고 서울 서초동과 광화문 집회로 나뉘어서 대결이 벌어졌다. 이를 국론 분열로 봐야 할지 참여 민주주의 실현으로 봐야 할지 선택해 근거를 설명하라.

2. 최근 유명 연예인이 범람하는 악플 때문에 극단적인 선택을 했다. 인터넷 실명제, 혐오 발언을 제재하지 못한 포털 및 인터넷 업체에 대한 처벌, 혐오 발언 처벌 강화 등 다양한 해결책이 제시되는 가운데 적절한 방안을 제시하라.

그밖에 사회적 갈등 현안에 관한 주제가 다양하게 주어진다.

[G1 강원민방]

최저 임금 인상에 대한 찬반 입장을 밝히고 논거를 펼치시오.

[연합뉴스 TV]

울산지검이 폭력적 내용이 담긴 게임의 사용 기록에 대한 사실조회를 신청했다. 법원에서 배틀그라운드, 서든어택, 디아블로, 리그 오브 레전드, 스타크래프트 등 8개 게임에 대한 가입 내용, 이용 시간 등을 참고해달라는 것이다. 검찰의 주장을 지지 혹은 반대하는 논술을 쓰시오.

[YTN]

최근 유명 연예인 설리 씨의 극단적 선택과 관련 인터넷 실명제 도입에 대한 논의가 이어지고 있다. 인터넷 실명제 도입에 대한 쟁점을 정리하고 본인의 입장을 쓰시오. 효과적인 해결안(대안)이 있다면 함께 제시하시오.

096
유형 5. 경제 신문과 경제 TV는 경제 관련 주제

[한국경제 TV] (택 1)

1. 소득주도성장에 대해 논하시오.

2. 세계 경기 흐름 악화에 따라 안전자산에 투자 수요가 몰리고 있음. 안전자산 세 가지 이상을 서술하고 원인과 전망을 논하시오.

[매일경제]

소재 부품 장비 산업이 제조업의 핵심 산업인데도 불구하고 일본 의존도가 높았던 이유와 정부와 기업이 해야 할 일에 대해 논하시오.

[연합인포맥스]

한국은행이 기준금리를 발표한 이후 속도 조절을 하고 있는 이유를 국제경제와 연관 지어 설명하시오.

[머니투데이] (택 1)

1. 공유경제는 진짜 혁신인가, 잘 포장된 렌탈 사업인가?

2. 한-일 강제 징용 판결에 따른 수출 규제 문제 본질과 대응 방안

3. 비정규직의 정규직 전환 논란에 따른 문제의 원인, 본질, 해법

[이투데이] (두 문제 모두 쓸 것)

1. 부유세를 통한 불평등 완화 찬반

2. 기업의 사회적 책임과 윤리

[한국경제]

다음의 각 주제에 대한 개인의 생각을 논하시오. 각 200자 이내

1. 한국은 자유민주주의 국가다. 그와 동시에 평등 역시 추구하고 있다. 자유와 평등이란?

2. 시장과 정부의 역할

3. 사회 양극화 소득 양극화

4. 직접민주주의와 간접민주주의의 장단점 및 관계

5. 성장과 분배 중 무엇을 더 우선시해야 하는가?

[농민신문]

1. 도농 간 소득 격차 원인과 대책

2. 지방 소멸 해결방안

097

유형 6. 간혹 해묵은 현안을 묻는 질문

[서울신문 취재기자]

한반도 평화 프로세스의 배경과 조건에 대해 논하시오.

[연합뉴스]

저출산 고령사회의 현상과 원인을 분석하고 해결안을 제시하라.

[강원일보 기자] (택 1)

1. 양극화 현상의 원인과 극복 방안

2. 저출산 고령화 문제가 정치 사회 경제에 미치는 영향과 해결방안

[채널A 방송기자] (둘 다 작성)

1. 결혼주의와 비혼주의 중 하나를 선택하고 논지를 전개하시오.

2. 386세대(현 586세대)는 여러분에게 어떤 의미인가?

[SBS 라디오 PD]

(1), (2)를 참고하여 세대갈등에 대한 자신의 생각을 쓰시오.

(1) 한국의 세대는 다음과 같이 나뉜다.

일제강점기 시대 태어남 / 광복 이후 ~ 전쟁 /
베이비붐(1955~1963) / 386세대 /
X세대 / 밀레니얼 세대(베이비붐 자녀) / Z세대
(2) 모든 세대는 자기 세대가 앞선 세대보다 더 많이 알고 다음 세대
보다 더 현명하다고 믿는다. - 조지 오웰

드라마나 예능 PD 직군의 경우에는 역시 프로그램 관련 주
제가 주어진다.

[JTBC 콘텐츠 허브 드라마 PD]
드라마에서 중요한 것은 무엇인지를 설명하라.

[CJ E&M Mnet PD]
Mnet은 <프로듀스 101> 시리즈나 <쇼미 더 머니> <고등 래
퍼> 등을 통해 음악 서바이벌 프로그램을 기획해 왔고, 이에 타 채
널들에서도 아이돌 육성 프로그램이나 힙합 서바이벌 프로그램을
제작하기 시작했다.
1. 이에 앞으로 Mnet의 서바이벌 프로그램의 방향성에 대해 논하
시오.
2. 오디션 프로그램 이외에도 최근 <썸바디> <러브 캐처> 등 비
음악 예능 프로그램들을 다양하게 제작했다. 앞으로 비 음악 예능 프

로그램의 다양화를 위해 Mnet의 준비와 도전에 대해 제작 PD의 입
장에서 쓰시오.

[SBS 드라마 PD]
당신은 오늘 '어떤' 이유로 '어떤' 도시를 향해 가고 있었다. 그러다
'어떤' 휴게소에 잠시 들렀는데 '어떤' 이유로 한 시간 뒤 그 휴게소를
떠나 출발지로 돌아왔다. 당신의 오늘에 대해 자유롭게 작문하시오.
(서두에 제목을 붙일 것)

[SBS 교양 PD]
다음은 SBS 교양 프로그램에 나온 일반인 출연자들이다. 이들 중 2
명의 인물을 등장시켜 이들이 현재 어떻게 살아가고 있을지 하나의
이야기를 만들어 보시오. 단, 맨 첫 문장은 의문문이어야 함.

1. 〈그것이 알고 싶다〉 세상을 바꾼 공익제보자
2. 〈궁금한 이야기 Y〉 7년째 집 대신 차에서 방랑하는 여성
3. 〈짝〉 사랑을 찾지 못하고 우정만 찾은 국민형 남자 4호
4. 〈세상에 이런 일이〉 홀로 아이를 키우는 맹인 아빠
5. 〈백 투 마이 페이스〉 성형 복구 수술을 위해 나온 성형중독자
6. 〈인터뷰 게임〉 성전환 수술 후 아내에게 돌아가고 싶어 하는 남편
7. 〈영재 발굴단〉 따돌림으로 고통받고 있는 IQ 164 수학 천재

[SBS 예능 PD]

인물 중 제한 없이 고르고, 대사 중 두 가지 이상 반드시 포함시켜 자유롭게 스토리텔링 하시오.

1. 2019년 상반기 화제의 인물: 트럼프, 백종원, 봉준호, 이하늬, 이강인, BTS, 보람(보람튜브), 홍진영

2. 2019년 상반기 화제의 대사: ① 전적으로 저를 믿으셔야 합니다. ② 지옥행 셔틀버스 한 대 대절해야겠네. ③ 지금까지 이런 맛은 없었다. 이것은 갈비인가 통닭인가. ④ 아쉬워 벌써 12시, 어떡해 벌써 12시네.

[채널A PD]

'사이코패스 소방관'을 주인공으로 하고, '나'를 상대 조역으로 하여 코미디 드라마를 스토리텔링 하시오.

* 소방관의 성별은 무관, 웃음 포인트 두 가지 이상 구체적인 상황으로 제시할 것.

* 제목, 로그라인, 주제, 캐릭터 소개(캐릭터 추가 가능), 스토리라인(기승전결을 갖춰서)을 포함할 것.

098
작문 제시어 기출문제

\# [G1 강원민방] 여행

\# [한국일보] 생채기

\# [연합뉴스] 유튜버

\# [한국경제신문 공채] 편의점

\# [뉴스 1] 여행

\# [울산 MBC 아나운서, 기자] 10년 후 나에게 편지 쓰기

\# [UBC 울산방송] 30년 후 나의 하루를 쓰시오.
   * 키워드: 4차 산업혁명, 초고령 사회, 연금 문제, 일자리
   * 부가설명: 기자도 이제 스토리텔러. 상상력, 공감 능력, 문제의식
   을 본다. 키워드는 일부만 사용 가능.

099
기획안 기출문제

\# [JTBC 콘텐츠허브 드라마 PD] (택 1)

1. 자신의 인생에 중요한 영향을 끼친 인물을 골라 그를 설명하고 기획안을 작성하라.

2. 2017년 대한민국에 A, B, C라는 인물이 살고 있다. A와 B는 처음 만난 사이고 C는 과거에 A의 소중한 것을 가져간 후 떠났으나 다시 돌아왔다. 이들의 캐릭터를 설명하고 전체 줄거리를 담아 기획안을 작성하라.

\# [채널A DNA 인턴 PD]

100을 주제어로 프로그램을 기획하시오. (장르 무관)

* 단, 1. 타이틀 2. 기획 의도 3. 편성 시간대 4. 시청 대상 5. 출연진 소개 6. 프로그램 구성. 상기 내용을 포함해야 함.

\# [MBN 제작 PD]

본인이 MBN PD라고 가정하고 다음 대표 프로그램 다섯 개 중 한 개를 선택, 어떻게 발전(업그레이드), 변화시킬지 1) SWOT를 분석하고 2) 프로그램 개선안을 작성하시오. (〈나는 자연인이다〉, 〈속

풀이 쇼 동치미>, <여행생활자 집시 맨>, <판도라>, <모던 패밀리>)

[OBS 제작 PD]
OBS에 가장 필요한 프로그램이면서 당장 OBS에서 제작할 수 있는 프로그램을 기획해 보시오.

[채널A PD]
'인터뷰란 특정한 목적을 가지고 개인이나 집단을 만나 정보를 수집하고 이야기하는 것을 말한다.' 당신이 신규기획팀에 들어갔다. 말하는 사람의 '오디오'를 가장 중요한 구성요소로 하여, 사람들의 눈과 귀를 사로잡는 인터뷰 프로그램을 기획하라. (제목, 기획 의도, 포맷, 구성 개요, 출연자 소개 포함)

[JTBC 예능 PD]
지금 이 문제지를 보고 있는 바로 당신을 주인공으로 JTBC에서 1인 다큐멘터리를 제작하기로 했습니다. 다큐멘터리 형식에는 제한이 없으며, 제목을 정하고 내용과 구성을 재미있고 창의적으로 적어주세요.

[TV조선 예능 PD] (택 1)
1. 영화 기생충과 신계급주의를 기반으로 한 예능 프로그램을 기획

하시오.

2. 실제 일어난 사건이나 역사적 사건을 기반으로 한 예능 프로그램을 기획하시오.

[TV조선 드라마 PD]

춘향전 또는 알라딘을 드라마로 다시 쓰기

* 주변 인물을 주인공으로 세우는 것도 가능 / 현대극, 로맨틱 코미디, 스릴러, 판타지, 퓨전 사극 등 장르 무관 / 여러분의 상상력과 드라마 기획에 대한 본인만의 생각을 보여줄 것 / 기획 의도, 캐릭터(5명 이내), 줄거리.

[MBN 뉴스 PD]

다양한 연령 계층을 타깃으로 한 보도 시사 프로그램.

* (종합 뉴스 프로그램 제외) 뉴미디어 지향할 것 / 기획 의도, 편성시간, 방송시간, 타깃 연령대, 프로그램 내용, 소구 목적과 차별점, 기획안 키워드 다섯 가지.

11

맞춤법의 고통에서
벗어나자

100

틀리기 쉬운 맞춤법

- 한달 → 한 달 / 두달→ 두 달
- 한바퀴 → 한 바퀴 / 두바퀴 → 두 바퀴
- 수십년 → 수십 년
- 한 번씩, 두 번씩
- 두 차례, 두어 차례
- 다섯 가지, 몇 가지
- 몇 개월, 한두 마리, 서너 명
- 태풍 쁘라삐룬때 → 태풍 쁘라삐룬 때
- 집결시 → 집결 시
- 문의한듯 → 문의한 듯
- 없앴던거죠. → 없앴던 거죠.
- 올들어 → 올해 들어
- 견디기 힘들만큼 → 견디기 힘들 만큼
- 한셈치다 → 한 셈 치다
- 학교내에서 → 학교 내에서
- 경험한바 → 경험한 바
- 할수가 → 할 수가
- 할테다 → 할 테다
- 내릴텐데 → 내릴 텐데

- 헛 걸음 → 헛걸음
- 그럴 수 밖에 → 그럴 수밖에
- 밤 사이 → 밤사이
- 100억 원 대 부동산 소유주 → 100억 원대 부동산 소유주
- 방학 첫 날 → 첫날
- 지난 주 → 지난주
- 지난 달 → 지난달
- 이번주 → 이번 주
- 다음달 → 다음 달
- 1년 간은 → 1년간은
- 이틀간, 한 달간, 삼십 일간, 석 달간
- 가족 간, 국가 간, 남녀 간, 서울 부산 간
- 남매간(남매지간), 모자간(모자지간), 사제간(사제지간), 형제간(형제지간)
- 시행한 지 10여 일 만에
- 십만 원어치
- 이미 물건너갔다 → 이미 물 건너 갔다
- 학교마다, 집집마다
- 십 년 만의 이사, 세 시간 만에, 이틀 만에
- 그릇째, 뿌리째, 통째로, 몇째, 사흘째, 둘째, 셋째
- 사흘 동안, 10년 동안, 군 복무 동안
- 운동한 지 2시간 만에
- 얼마나 갈지 알 수 없다

- 우리나라보다 인구가 많아
- 방학 중, 공사 중, 수업 중
- 첫선을 보이다, 첫날
- 하든지 말든지 (말이나 동작 상태)
- 얼마나 먹던지, 얼마나 추웠던지 (과거형은 '던지')
- 기존에 하던 방식
- 물가상승율 → 물가상승률
  모음이나 'ㄴ'받침 뒤에 이어지는 '렬, 률'은 '열', 율'로 적는다.
  예) - 율: 비율, 할인율, 이자율
      - 률: 위험률, 사망률, 취업률
- 오래 전에 → 오래전에
- 오래 동안 → 오랫동안
- 낮동안은 → 낮 동안은
- 숨진채 발견 → 숨진 채 발견
- 시행할 수 밖에 없다고 → 시행할 수밖에 없다고
- 한 때 눈이나 비 → 한때 눈이나 비
- 가계빚 증가폭 → 가계 빚 증가 폭
- 줄어들 지 몰라 →줄어들지 몰라
- 때이른 봄날씨 → 때 이른 봄 날씨

101
자주 틀리는 외래어 표기법

가디건 → 카디건

까페 → 카페

꼬냑 → 코냑

나레이션 → 내레이션

넌센스 → 난센스

다이아나 → 다이애나

데미지 → 대미지

도너츠 → 도넛

떼제베 → 테제베

럭키 → 러키(Lucky)

레포트 → 리포트

로케트 → 로켓

리더쉽 → 리더십

리모콘 → 리모컨

말레이지아 → 말레이시아

매니아 → 마니아

모짜르트 → 모차르트

미스테리 → 미스터리

바베큐 → 바비큐

발렌타인데이 → 밸런타인데이

보이코트 → 보이콧

브러쉬 → 브러시

빵빠레 → 팡파르

삐에로 → 피에로

센티멘탈 → 센티멘털

소세지 → 소시지

수퍼마켓 → 슈퍼마켓

쉐이크 → 셰이크

쉬림프 → 슈림프

스노우보드 → 스노보드

스카웃 → 스카우트

스케쥴 → 스케줄

스탠다드 → 스탠더드

스탭 → 스태프(Staff)

시츄에이션 → 시추에이션

심볼 → 심벌

심포지움 → 심포지엄

싱가폴 → 싱가포르

알콜 → 알코올

애드립 → 애드리브

액센트 → 악센트

앵콜 → 앙코르

어플리케이션 → 애플리케이션

에어콘 → 에어컨

워크샵 → 워크숍

윈도우 → 윈도

이디오피아 → 에티오피아

쟝르 → 장르

쥬니어 → 주니어

쥬스 → 주스

짜장면 / 자장면 = 둘 다 사용

째즈 → 재즈

쮜리히 → 취리히

챠트 → 차트

초콜렛 → 초콜릿

카렌다 → 캘린더

카운셀링 → 카운슬링

카톨릭 → 가톨릭

카페트 → 카펫

캐롤 → 캐럴

캐비넷 → 캐비닛

컨셉 → 콘셉트

컨텐츠 → 콘텐츠

컨퍼런스 → 콘퍼런스

컴플렉스 → 콤플렉스

케익 → 케이크

콘디션 → 컨디션

콘트롤 → 컨트롤

콜라보레이션 → 컬레버레이션

쿠테타 → 쿠데타

쿵푸 → 쿵후

타겟 → 타깃

테입 → 테이프

팀웍 → 팀워크

팜플렛 → 팸플릿

푸켓 → 푸껫

프로포즈 → 프러포즈

플라밍고 → 플라멩코

플룻 → 플루트

피씨방 → 피시방

하일라이트 → 하이라이트

헐리웃 → 할리우드

화이팅 → 파이팅

환타지 → 판타지

후라이팬 → 프라이팬

훼밀리 → 패밀리

부록

초보 언론인을 위한
맛보기 팁

취재 팁

높은 경쟁률을 뚫고 기자로 입사해도 정식 기자가 되기까지는 시간이 걸린다. 대개 3개월에서 6개월간의 수습 기간을 거쳐야 진짜 기자로 인정받을 수 있다. 수습기자의 일상은 고달프다. 일반 회사처럼 사수가 하나부터 열까지 친절하게 알려주고 가르쳐준다고 생각하면 오산이다. 보통의 언론사에는 그렇게 친절한 선배가 없다. 그 선배들 또한 그렇게 친절하게 배우지 않았기 때문이다. 그야말로 맨땅의 헤딩이다. 무엇을 어떻게 취재해야 하는지 누구 하나 제대로 알려주는 사람이 없다. 스스로 몸으로 부딪혀가면서 배워야 하는 것이 취재다.

사실 취재 팁이라고 제목을 달았지만 꿀팁이 있을 리 없다. 대개 언론사에 입사하면 '사스마리'(경찰서를 돌며 취재한다는 뜻의 일본어 잔재)부터 하게 마련이다. 새벽에 일선 경찰서 형사계에 들어가 당직 사건 처리부를 챙기는 것부터 일과가 시작된다. 밤사이 어떤 사건이 발생했는지를 파악하는 것이다. 절도, 폭력, 상해 등의 사건이 일반적이다. 현장에서 조사받는 피의자도 있을 것이고 일부 피의자들은 조사받고 유치장에 들어간 상태일 수도 있다. 교통계에 가서는 교통사고를 챙겨야 한다. 뺑소니 사건은 없었는지, 사망사고는 없었는지를 파악해야 한다.

형사들이 친절하게 알려줄 것이라 기대하지 않는 편이 좋다. 다들 바쁘고 피곤한 사람들이다. 기자에게 자세히 말해줄 의무도 없는 사람들이다. 그러니 형사들을 기자의 사람으로 만들어야 한다. 물론 말처럼 쉬운 일은 아니다. 하지만 사람은 자꾸 다가서고 두드리면 마음의 문을 열게 돼 있다. 얼굴에 철판 깔고 친한척하며 먼저 다가서야 한다. 가끔씩은 박카스나 비타500도 한 병씩 건네보라. 취재에 중요한 단서가 되는 한두 마디쯤 해주는 날이 올 것이다.

취재할 때는 질문을 잘해야 한다. 기자의 관할 경찰서가 대개 네 개 정도로 구성되는데, 모든 경찰서를 다 방문해 취재하는 것은 사실상 무리다. 그래서 일부 경찰서는 전화를 걸어 취재하는 것이 다반사다. 대개 형사계 당직실에 전화해서 "오늘 뭐 특별한 것 없습니까?"라고 묻는다. 그런데 '특별한 것'이라는 게 워낙 주관적인 판단 요소라는 것이 문제다.

한때 대도로 불리던 조세형이 좀도둑질을 하다 들켜 체포돼 조사를 받고 있다고 치자. 이 정도면 큰 기사인데, 기자의 전화를 받은 형사는 오늘 뭐 특별한 것 없냐는 질문에 "특별한 거 없습니다."라고 답할 수 있다. 그저 좀도둑 하나 잡은 거니까. 전화한 기자와 잘 아는 사이도 아니고, 그걸 꼭 말해줘야 하는 이유도 없으니 말이다. 그러면 "뭐 특별한 것 없습니까?"라고 물었던 기자는 물을 먹게 되는 것이다.

그런데 다른 기자가 이렇게 물었다고 치자.

"밤사이 어떤 사건이 있었나요?"

형사 "절도 사건하고 폭행 사건이 좀 있었어요."

기자 "절도요? 어떤 사건이었죠?"

형사 "그냥 빈집털이 사건이었는데 피해 액수는 얼마 안 돼요."

기자 "피의자와 피해자는 누군데요? 알만한 사람인가요?"

형사 "피의자는 조세형"

기자 "조세형? 그 사람 예전에 고관들 집과 부잣집만 털었던 대도 조세형 말인가요?"

형사 "네. 맞아요."

그러면 기자는 피해자는 누구인지, 무엇을 훔쳤는지, 어떻게 침입했는지, 언제 발생한 건지, 조세형은 범행 동기에 대해 뭐라고 말했는지 등 하나하나 구체적인 걸 묻게 된다.

결국 "뭐 특별한 것 없나요?"라고 물었던 기자는 큰 낙종을 한 반면 "밤사이 어떤 사건이 있었나요?"라고 물었던 기자는 특종을 하게 된 셈이다. 나중에 특별한 거 없냐고 물었는데 왜 말

안 해줬냐고 따져봐야 소용없다. 피해 금액도 적은 절도 사건은 특별한 사건이 아니니까.

이런 예는 부지기수로 많다. "그건 안 물어봤잖아요?" 이게 많은 취재원들의 단골 해명 메뉴다. 숨기거나 거짓 대답을 한 게 아니라 기자가 물어보지 않아서 대답하지 않았을 뿐이라는 것이다. 그러니까 질문을 제대로 하지 않은 기자의 탓이다.

교통계에서 교통사고를 챙길 때 가장 중요한 것은 피해자든 가해자든 일반 대중이 알만한 유명 인사가 있느냐를 챙기는 것이다. 재벌 2세 또는 국회의원 자녀 혹은 연예인 본인이 음주운전으로 사고를 냈다고 하면 큰 기사가 된다. 가벼운 사고라도 말이다. 그러니 피해자와 피의자의 이름을 챙기는 것은 기본이다. 그리고 그런 사고가 있을 때 해당 경찰관이 자신에게 먼저 알려주도록 만들어 놓는다면 최상일 것이다. 그렇게 하려면 평소에 어떻게 해야 하겠는가? 그만큼 공을 많이 들여놔야 할 것이다.

인터뷰 팁

카메라 인터뷰와 그렇지 않은 인터뷰는 천지 차이다. 일반적으로 사람들은 카메라를 부담스러워한다. 카메라가 자신을 비추고 있는 것을 의식하면 긴장하기 마련이다. 그렇기 때문에 인터뷰를 하기 위해서는 인터뷰 대상을 편안하게 해줘야 한다. 심리적으로 부담을 갖지 않도록 해야 한다. 질문도 그냥 대화하듯 가볍게 물어봐야 한다. 정색하고 "자, 지금부터 인터뷰하겠습니다. 화재 당시 상황을 설명해 주십시오." 이렇게 시작하면 인터뷰이도 정색하고 말하게 된다.

어떤 사건이나 사고 현장을 목격한 사람을 인터뷰할 때는 자연스럽게 당시 상황을 설명해 주는 인터뷰를 따야 하는데, 너무 딱딱한 멘트는 곤란하다. 자연스러우면서 당시 상황을 생생하게 설명해 주는 인터뷰를 따야 한다. "불이 났을 때 많이 놀라셨겠어요?", "당시 불길이 어디까지 치솟았나요?", "연기도 많이 났나요?", "사람들이 놀라서 많이 대피했겠군요?" 이런 식으로 구체적인 질문을 이어가야 한다. 답변에 대한 추가 질문도 이어가면서 당시 상황을 보고 들은 대로 자연스럽게 말하도록 질문을 이끌어 가야 한다.

거리에서의 무작위 시민 인터뷰도 쉽지 않은 인터뷰다. 더위 스케치 리포트를 제작하기 위해 "오늘 너무 덥네요. 하루 종일 시원한 음료도 마시고 아이스크림을 먹어도 더위에 지칠 것 같아요."이런 멘트가 필요해 시민들 인터뷰에 나서지만, 시민들이 인터뷰에 잘 응해주지 않을 때도 있다. "안녕하세요? ○○○ 기잡니다. 인터뷰 좀 부탁드립니다."라며 마이크를 들고 다가서면 아예 손사래를 치거나 고개를 가로저으며 다른 쪽으로 방향을 트는 이들도 적지 않다. 한 번 거절당하면 그날 줄줄이 10명에게 거절당하기까지 한다. 그럴 땐 상대를 타깃으로 정하고 마이크를 들고 다가서지 않는 편이 낫다. 누군가 거절하는 것을 보면 심리적으로 다른 이들도 거절하는 경향이 있기 때문이다. 차라리 걸어가다가 옆에 지나가는 커플이나 일행에게 불쑥 마이크를 들이대고 자연스럽게 물어보라. "오늘 너무 덥죠?", "이런 날은 어떻게 더위를 식히세요?" 훅 들어오는 기자의 질문을 무시할 확률은 비교적 낮다.

기사 작성 팁

필자는 방송기자이므로 여기서는 방송 기사에 대해 이야기하고 자 한다. 방송 기사(TV 뉴스)는 시청자가 보고 듣는 기사이다. 그러므로 시청각이 동시에 작용한다. 눈으로만 읽는 신문 기사 와는 다르다. 이해가 가지 않았을 때 다시 읽는 신문과는 다르 다는 이야기다. 따라서 방송 기사는 시청자가 알아듣기 쉽게 써 야 한다.

첫째, 문장을 간결하게 써야 한다. 단문일수록 좋다. 짧게 써 야 한다. 주어와 술어가 많은 복문은 알아듣기 어렵다.

둘째, 가급적 쉬운 말로 써야 한다. 어려운 한자 투나 전문 용어는 쉬운 우리말로 풀어써 줘야 한다. 흔히 방송 뉴스는 중 학교 2학년이 알아들을 수 있게 써야 한다고 말한다. 지식인이 나 특정 분야의 전문가들을 대상으로 한 뉴스가 아니란 말이다. 전 국민이 보는 뉴스이기 때문이다.

셋째, 친절하게 써야 한다. 시청자의 궁금증을 친절하게 풀 어줘야 한다는 뜻이다. 때로는 용어 설명도 친절하게 해야 한다. 이해를 돕기 위한 CG도 잘 활용하는 게 좋다. 사례를 곁들이는 것도 친절함이다.

넷째, 가장 중요한 정확성이다. 뉴스는 신뢰로 먹고사는 것이므로 사실에 부합하지 않거나 오류가 있어선 안 된다. 그만큼 취재를 꼼꼼하게 해야 한다. 기사를 쓰고 데스크 과정을 거치는 이유도 바로 이 때문이다. 사실을 왜곡해서도 안 되며 실수로 잘못된 정보가 들어가서도 안 된다.

다섯째, 그림을 염두에 두고 써야 한다. 앞서 언급한 것처럼 방송은 시청각이다. 시청자들은 뉴스를 눈으로 보며 귀로 듣는다. 현장에서 카메라가 포착한 그림을 최대한 활용해야 한다. 기사의 핵심을 잘 보여줄 수 있는 현장 그림과 소리를 충분히 살릴 수 있도록 기사를 써야 한다. 이를 위해서는 현장 취재 후 기사를 쓰기 전에 반드시 촬영한 그림을 훑어보며 메모를 해두는 것이 좋다. 특징 있는 그림, 현장을 가장 잘 보여주는 생동감 넘치는 그림을 메모하고 그 장면을 설명하는 스케치 형식으로 기사를 써 보자. 인터뷰 역시 인터뷰이의 발언 내용 중 어디서부터 어디까지를 녹취로 쓸 것인지, 촬영 화면을 보며 타임코드를 적어야 한다. 인터뷰이가 한 이야기 중에 기사로 녹일 부분은 별도로 메모해 둘 것을 권유한다.

기사 작성의 기초는 육하원칙을 담는 것이다. 누가, 언제, 어디서, 무엇을, 어떻게, 왜, 했는가를 담아내야 한다. 가장 중요

한 것은 첫 리드 문장에서 기사의 핵심을 던져줘야 하는 점이
다.

사건·사고 단신 기사의 예를 들어 보자.

수업 중이던 학원서 불…10명 사상
**1 수업 중이던 학원 건물에서 화재가 발생해 5명이 숨지고 5명이 다
쳤습니다.**

= 이른바 리드 문장이다. 시청자들은 이 한 문장만 들어도 큰불이 나
서 사람들이 많이 죽고 다쳤다는 걸 알게 될 것이다. 그리고 구체적으
로 언제, 어디에 있는 학원에서, 어쩌다가 불이 난 거지? 하고 귀를 쫑
긋 세우고 TV를 쳐다볼 것이다. 시청자들의 관심을 끌지 못하는 첫 문
장은 좋은 기사 리드 문장이 아니다.

2 오늘 오후 4시쯤 서울 노량진 공무원 시험 학원에서 불이 났습니다.

= 리드 문장에 담지 않았던 구체적 시간과 장소가 담긴 문장이다.

**3 4층에서 시작된 불은 삽시간에 6층까지 번지며 화염과 함께 시커
먼 연기가 건물 전체로 퍼졌습니다.**

= 불이 난 시간과 장소를 구체적으로 썼으니 이제 불이 구체적으로 어
디서 시작됐고 이후 상황이 어떻게 전개됐는지 구체적인 정보를 담아낸
것이다.

4 이 때문에 수업 중이던 학원생 2백여 명이 긴급히 옥상으로 대피했습니다.

= 이제 불이 번지면서 전개된 상황과 구체적인 인명 피해 상황을 알려 줄 차례다. 한 문장에 쓸 수도 있지만, 단문으로 쪼개서 써야 시청자들이 알아듣기 쉽다.

5 하지만 미처 피하지 못한 5명이 숨졌습니다.

6 또 5명은 유독가스를 마신 채 병원으로 옮겨져 치료를 받고 있습니다.

7 경찰은 4층 보일러실에서 불꽃이 시작됐다는 건물 관리인의 진술을 토대로 누전이나 기계 결함을 염두에 두고 화재 원인을 조사하고 있습니다.

= 마지막에는 화재 원인이 뭔지, 경찰이 어떻게 조사하고 있는지에 대해 써 주는 것이 일반적이다. 만일 방화라면 얘기가 달라진다. 누군가 고의로 불을 낸 것이라면 그게 제목이 되고 리드 문장에 담길 것이다.

일곱 문장 짜리 단신 기사다. 문장 수는 많다. 문장 수를 줄이려면 복문으로 써야 하는데 그보다는 단문이 훨씬 좋은 문장이다. 문장이 길면 귀에 잘 들어오지 않는다. 읽기도 불편하다.

아래 단신 기사 몇 개를 살펴보자. 실제 필자가 피드백을 준 사례이다.

[단신] 김제시-전북창조경제혁신센터, 청년 창업 위한 업무 협약

김제시는 청년 창업을 지원하고, 창업 문화를 활성화하기 위해 전북창조경제혁신센터와 업무 협약을 체결했습니다.

두 기관은 김제 지역의 청년 창업가를 발굴해 육성 · 지원하고, 청년 창업가의 지속적인 성장을 위해 정보 공유와 네트워킹을 확대해 나가기로 했습니다.

또 지역 주도형 청년 일자리 사업을 체계적으로 추진하기 위해 인적 · 물적 자원을 서로 제공하고, 창업 환경 조성과 활성화를 위해 적극적으로 협력할 계획이라고 밝혔습니다.

업무 협약은 두 기관 간에 맺어지는 것인데 한쪽 기관을 주어로 하는 것이 마땅한지 의문이 제기된다. 한쪽이 우리에 해당하고 다른 쪽은 그렇지 않다면 그럴 수도 있겠지만, 이 기사처럼 보도자료를 보고 쓰는 기사는 특히 용어를 단순화해야 한다. 비슷한 용어가 중복되면서 복잡하기 때문이다. 쳐낼 건 쳐내서 최대한 간결하게 하는 게 좋다. 기사를 쓰고 스스로 읽어보면서 숨이 차지 않는지, 이해가 잘 되는지 따져보면서 기사를 간결하게 수정하는 습관을 지녀야 한다. 그래서 고쳐봤다.

김제시와 전북창조경제혁신센터가 청년 창업 지원을 위한 업무 협약을 체결했습니다.

두 기관은 김제 지역의 청년 창업가를 발굴해 육성하고, 지속적으로 성장시키기 위해 정보 공유를 확대해 나가기로 했습니다. 또 이른바 '지역 주도형 청년 일자리 사업'을 체계적으로 추진하기 위해 인적 · 물적 자원을 서로 제공할 계획이라고 밝혔습니다.

사례 2

[단신] 강원랜드, 강원 FC 후원 금액 15억으로 조정

강원랜드 이사회에서 강원 FC 후원금을 당초 40억에서 15억으로 하향 조정하는 등 7개 안건을 심의 의결했습니다. 이사회는 우선 강원 FC에 40억의 후원금을 15억 원을 선지급하고 추가 금액은 차기 이사회에서 재논의하기로 했습니다. 또 강원랜드 직제규정을 수정해 3천673명의 정원을 7명 증원된 3천680명으로 조정했습니다. 이와 함께 강원도 개발공사의 재무 건전성 확보를 위해 강원도 개발공사 소유 주식 45억 원 규모를 삼척시에 20억 원 규모의 주식을 정선군에 매각하기로 승인했습니다.

리드 문장을 보자. 주격조사가 맞나? 강원랜드 이사회'가' 의결한 것이다. 그런데 7개 안건을 의결한 게 리드 문장에 들어갈 만큼 중요한 팩트인가? 강원 FC 후원금을 대폭 깎은 게 기사의 핵심이다. 3,600명 규모의 정원에서 7명 늘어난 게 중요한 건가? 중요하다면 그 이유를 밝혀줘야 한다. 그리고 왜 후원금을 줄였는지도 궁금하다. 이유를 설명해 줘야 친절한 기사가 될 텐데… 그래서 고쳐봤다.

수정 2

강원랜드가 강원 FC 후원금을 대폭 깎기로 했습니다.

강원랜드는 00일 이사회를 열고 당초 40억 원으로 책정했던 강원 FC 후원금을 15억 원으로 낮추기로 의결했습니다.

추가 지원 여부는 다음 이사회에서 논의하기로 했습니다. 강원랜드의 이번 결정은 뭐뭐뭐 때문인 것으로 풀이됩니다. 또는 강원랜드는 000 때문에 후원금을 줄이게 됐다고 설명했습니다.

강원랜드는 또 강원도 개발공사의 재무 건전성 확보를 위해 강원도 개발공사가 가진 주식 45억 원어치를 삼척시에 매각하고 20억 원어치는 정선군에 팔기로 했습니다.

"

사례 3

[단신] 음주 단속 도주 고교생 3중 추돌…3명 부상

렌터카를 빌려 몰고 가던 10대가 경찰의 음주운전 검문 현장을 피해 도주하다 3중 추돌사고를 냈습니다. 고등학교 3학년인 A 군은 오늘 새벽 0시 10분쯤 차를 몰고 가다 영도 태종대공원 입구에서 경찰의 음주운전 검문을 피해 해양대학교 방향으로 도주하던 중 커브길에서 주차된 승용차를 들이받은 뒤 중앙선을 넘어 마주 오던 시내버스와 충돌했습니다.

이 문장에 동사가 무려 여섯 개나 된다. 읽는 사람이 숨이 찬다. '소통 공감형'으로 문장을 쪼개보았다.

수정 3

사고를 낸 사람은 고등학교 3학년인 A 군인데요. A 군은 오늘 새벽 0시 10분쯤 차를 몰고 가다 영도 태종대공원 입구에서 경찰이 음주운전 단속하는 장면을 발견합니다. 그러자 곧장 해양대학교 방향으로 달아났는데요, 커브길에서 주차된 승용차를 들이받았습니다. 그리고는 중앙선을 넘어 마주 오던 시내버스와 충돌했습니다.

"

사례 4

이 사고로 A 군과 함께 타고 있던 친구 B 군, 버스 운전기사 등 3명이 다쳐 인근 병원으로 옮겨졌습니다. 경찰은 음주운전 여부를 확인하기 위해 운전자 A 군의 혈액을 채취한 뒤 국과수에 감정을 의뢰하는 한편 블랙박스와 CCTV 영상 등을 확보해 사고 경위를 조사하고 있습니다.

이 문장도 두 개로 쪼개는 게 낫다.

경찰은 음주운전 여부를 확인하기 위해 운전자 A 군의 혈액을 채취한 뒤 국과수에 감정을 의뢰했습니다. 경찰은 또 블랙박스와 CCTV 영상 등을 확보해 사고 경위를 조사하고 있습니다.

"

[인터뷰 단신] 보이스피싱 급증 "일단 끊고 112 문의"

전화금융사기, 이른바 보이스피싱이 여전히 증가하고 있습니다. 부천 소사경찰서는 14일, 부천 남부역 광장 일대에서 시민들을 만나며 보이스피싱 예방법을 알렸습니다. 이날 활동에는 부천시청과 금융기관, 녹색어머니회와 모범운전자회 등도 참여했습니다. 경기남부지방경찰청에 따르면 지난 1월부터 3월까지 경기도에서 발생한 보이스피싱 피해는 1천8백85건으로 피해 액수는 295억 원에 달하는 것으로 밝혀졌습니다. 지난해 같은 기간에 비해 발생 건수는 59퍼센트, 피해액은 134퍼센트 증가했습니다. 경찰 측은 "SNS를 통해 전송된 정체불명의 애플리케이션은 설치하지 말고 URL이 포함된 문자도 주의를 기울이라"고 당부했습니다.

<인터뷰> 조현준 부천 소사경찰서 지능팀 검찰, 경찰 등 수사기관은 어떠한 경우에도 금품을 요구하는 경우가 없습니다. 이러한 요구를 받게 되면 전화를 즉시 끊으시고 가까운 경찰관서에 신고를 해주셔야 합니다.

필자는 이 기사에 대해 아래와 같이 지적하고 고쳐주었다.

1 기사의 기본은 단신이다. 단신은 리드 문장이 핵심이다. 보이스피싱이
   급증하고 있는 것을 말하고자 하는 것인지, 경찰의 예방법 홍보 행사를
   보여주고자 하는 것인지 헷갈리는 문장이다. 급증이 '야마(핵심 내용)'
   라면 두 번째 문장에 그것을 뒷받침하는 내용을 써 주는 것이 맞다. 그
   런데 경찰 주최 행사라는 것을 언급했다. 그림 때문에 그랬을 것으로 추
   정되지만 좋은 문장 흐름이 아니다. 차라리 행사 단신으로 하든가 급증
   팩트를 먼저 쓰고 행사를 뒤로 돌리거나 하는 게 좋겠다.

2 '따르면'은 신문 기사체다. 'accoding to ~', '~니 요리마스또'와 같은
   영어식 또는 일본어식 표현이기도 하다. 1천8백85건, 이것도 신문 표기
   법이다. 말할 때 일천팔백이라고 하지 않은가. 그냥 '1,885건'이라
   고 쓰고 '천팔백여든 다섯 건'이라고 읽어야 한다.

3 인터뷰 단신의 경우 인터뷰를 맨 뒤로 보내는 방식을 채택하는데, 필요
   에 따라서는 중간에 배치하는 것이 더 잘 어울릴 때도 있다.

4 '경찰 측'의 '측'은 사족이다. 특별한 경우가 아니면 녹색어머니회, 모범
   운전자회 등을 굳이 넣어줄 필요도 없다. 그림으로 보여주면 된다.

그래서 다음처럼 고쳤다.

수정 5

전화금융사기, 이른바 보이스피싱이 늘어나는 가운데 경찰이 피해 예방을 위한 거리 홍보에 나섰습니다. 부천 소사경찰서는 14일, 관내 금융기관, 시민단체들과 함께 부천 남부역 광장 일대에서 보이스피싱 예방법을 알렸습니다. 경찰은 "SNS를 통해 전송된 정체불명의 애플리케이션은 설치하지 말고 확인되지 않은 인터넷 주소는 클릭하지 말라."고 당부했습니다.

<인터뷰> 조현준 부천 소사경찰서 지능팀 검찰, 경찰 등 수사기관은 어떠한 경우에도 금품을 요구하는 경우가 없습니다. 이러한 요구를 받게 되면 전화를 즉시 끊으시고 가까운 경찰관서에 신고를 해주셔야 합니다.

경기남부지방경찰청이 발표한 자료를 보면 지난 1월부터 3월까지 경기도에서 발생한 보이스피싱 피해는 1,885건으로, 피해 액수는 295억 원에 달하는 것으로 나타났습니다. 지난해 같은 기간에 비해 발생 건수는 59퍼센트, 피해액은 134퍼센트 증가했습니다.

방송 진행 팁

경험이 부족한 뉴스 앵커의 가장 큰 단점은 쓰인 원고 외에는 자신의 언어로 질문하거나 어떤 사건, 사고의 개요 또는 누군가의 발언을 정리하지 못한다는 점이다. 경험이 없으니 어찌 보면 당연한 일일 수도 있다. 그러나 시청자들은 해당 진행자가 경험이 부족하니 어쩔 수 없다고 생각하지 않는다. 답답하면 채널을 돌리기 마련이다. 거꾸로 역량 있는 뉴스 앵커는 갑자기 발생하는 특보 때 진가를 발휘한다. 누군가의 긴급 브리핑을 생중계한 후에 그 내용을 깔끔하게 정리해 주는 것은 기본이다.

메모하라

초보 앵커도 당연히 브리핑 내용 중 중요한 것들을 메모해 둬야 한다. 그 메모를 토대로 차분하게 "방금 전 브리핑 내용을 정리해 보겠습니다."라고 말하고 주요 내용을 읽어줘야 한다. 꼭 카메라를 쳐다보고 말할 필요는 없다. 메모지와 카메라를 번갈아 보며 주요 내용을 정리해 주고 좀 더 구체적인 것은 스튜디오에 출연한 취재기자나 전문가에게 물어야 한다.

답변에 꼬리를 물어라

경험 없는 뉴스 앵커는 그냥 정해진 질문만 한다. 그조차도 제대로 못 하는 이들도 적지 않은 게 현실이다. 화재 목격자와 전화 연결을 통한 생방송 인터뷰를 한다고 치자.

앵커 "화재 현장 인근에 사는 주민 한 분 연결되어 있습니다. 안녕하세요? 먼저 어디 사시는 누구신지요?"

목격자 "○○에 사는 ○○○라고 합니다."

앵커 "처음 불이 났을 때 상황부터 전해주시죠."

목격자 "네. 집에서 TV를 보고 있는데 갑자기 꽝 하는 소리가 나더라고요. 그래서 창밖을 봤더니 건너편 공장에서 시뻘건 불길이 치솟는 거예요."

앵커 "불길이 어느 정도 높이까지 치솟았나요?"

목격자 "공장 지붕 위로 한참 높이까지 솟아올랐어요."

앵커 "한 10m 이상 되나요?"

목격자 "정확히는 알 수 없지만, 그보다 더 되는 것 같아요."

앵커 "꽝 소리가 났다고 했는데, 한 번 들렸나요? 여러 차례 들렸나요?"

목격자 "서너 번 났던 것 같아요."

앵커 "그 공장이 어떤 공장인가요?"

목격자 "글쎄요, 잘은 모르겠는데 아마 무슨 화학제품 만드는 공장인 걸로 알고 있어요."

앵커 "그렇다면 화학물질이 폭발하는 소리였을 수 있겠군요?"

목격자 "아마 그런 것 같아요. 30초에서 1분 간격으로 서너 차례 폭발음이 들렸으니까요."

앵커 "연기도 나고 있나요?"

목격자 "시커먼 연기가 바람을 타고 우리 아파트 단지로까지 흘러오고 있어요."

앵커 "유리창은 꼭 닫고 계시겠군요?"

목격자 "그럼요. 다들 처음엔 창문을 열고 있다가 주민들 모두 창으로 연기가 들어오니까 다 닫고 있습니다."

앵커 "혹시 지금 사시는 곳에는 대피령이 내려지지는 않았나요?"

목격자 "아파트 사무소에서 창문을 닫으라는 안내방송은 있었는데 대피하라는 얘기는 없었고요. 시에서 문자는 왔어요."

앵커 "재난 문자가 왔다는 말씀이시죠? 어떤 내용입니까?"

목격자 "○○동 공장에서 폭발사고가 일어났으니 주변에 접근하지 말고, 연기가 확산되고 있으니 창문을 닫고 있으라는 내용이에요."

앵커 "정확히 불이 난 시각이 언젠가요?"

목격자 "오전 10시 좀 넘어서요."

앵커 "화재가 발생한 지 한 시간이 채 안 됐는데, 현재 소방관들이 진화 작업하는 게 거기서 보입니까?"

목격자 "네. 저희 집이 고층이어서 내려다보이는데, 소방차가 수십 대가 와 있고요. 계속 물을 뿌리면서 진화하고 있어요."

앵커 "혹시 인명 피해도 발생했는지 거기서 확인되는 게 있나요? 구급차도 출동했는지요?"

목격자 "구급차도 여러 대 보이고요, 사람 실어 가는 게 아까 보였어요. 아마 인명 피해도 있는 것 같아요."

뉴스 앵커는 이런 식으로 꼬리에 꼬리를 물고 계속해서 질문을 던져나가야 한다. 그러면서 목격자든 전문가든 기자든 인터뷰 상대의 말 중에 중요한 내용은 메모하면서 정리도 해 주고, 머릿속에서 끊임없이 질문을 만들어내야 한다. 전화 연결을 마무리할 때는 연결해 줘서 감사하다는 말과 함께 피해 없도록 각별히 주의하시라는 말도 덧붙이는 게 예의다.

REC ●

에필로그

언론인은 어떤 존재인가

언론인이 좋았던 시절은 갔다

언론인 생활을 25년 넘게 해 보니 언론인이라는 직업이 갈수록 예전만 못하다는 생각이 든다. 나이를 먹은 탓도 있겠지만 언론을 둘러싼 환경이 많이 변했기 때문이기도 하다. 그야말로 언론도 하나의 권력으로 군림하던 때가 있었다. 기자들이 출입처와 취재원들로부터 대접받던 시대가 있었다. 특정 정보에 접근할 수 있는 사람이 많지 않던 그 시대에는 취재를 통한 정보를 토대로 펜대를 굴려가며 출입처와 그 내부 관계자들을 웃고 울릴 수 있었기 때문이었다.

　기사 한 줄 잘못 나가면 공무원 목이 날아가기 십상이었다. 힘 있는 기사는 기업에도 치명타를 입힐 수 있었다. 그래서 광화문 동아일보 사옥에는 매일 저녁 기업 홍보쟁이들이 다음 날 나올 신문의 가판을 먼저 보려고 모여들던 때가 있었다. 가판에 자사에 불리한 기사가 나가면 그때부터 홍보맨들은 비상이 걸린다. 기사를 빼달라고 별의별 짓을 다 한다. 나 죽으니 살려달라는 읍소에서부터 광고를 줄 테니 빼달라, 안 빼주면 다음부턴 광고 없다는 협박까지. 그렇게 하다 어떤 기사는 빠지고, 어떤 기사는 약해지고, 어떤 기사는 원래대로 다음 날 신문에 나기도 했다. 기업도 기업이지만 정권에 불리한 기사도 마찬가지였다.

　방송은 가판과 같은 기능이 없으니 신문보다는 덜했다. 방송 뉴스에 잘나가면 큰 홍보가 되고, 이른바 '조지는' 기사가 나가면 낭패를 겪으니 기업이나 정부 기관이나 방송기자들에게 잘 보여야 했다. 권력이나 기업과의 유착관계가 있을 수밖에 없는 구조였다. 사주나 언론사 경영진, 또는 언론사 내 의사결정권을 가진 고위 인사들은 정부 기관, 기업과 이해를 같이 하는 경우도 적지 않았다. 개인 또는 회사의 이익을 위해 재벌 또는 권력과 손을 잡기도 했다. 일선 기자들은 그 보이지 않는 이해관계의 움직임을 촉으로 감지하기도, 또는 전혀 알아채지 못하기도 했다. 어쨌든 기자들은 언론기관과 권력, 재벌과의 상호 의존관계 속에서 알게 모르게 권력을 향유했던 것이 사실이다. 출입처와 취재원이 제공하는 공짜 밥을 먹었고, 명절 때면 값비싼 선물을 받았다. 골프를 좋아하면 얼마든지 공짜 골프 접대를 받을 수 있었다. 때로는 두둑한 촌지까지 받는 시절도 있었다.

그러나 시대가 변했다. 언론이 제4권력으로 군림하고 기자들이 대접받는 시대는 이제 끝이 났다. 가장 큰 이유는 언론매체의 폭발적 증가를 꼽을 수 있다. 1990년대만 해도 언론사의 수는 한정돼 있었다. 일간지 몇 개와 방송사, 그리고 통신사가 전부였다. 그러나 지금은 어떠한가? 통신사도 늘었고 인터넷 매체, 일간지 또한 몇 배로 늘어났다. 두 번째 이유는 더 이상 정보를 언론사가 독점하는 시대가 아니라는 점이다. 인터넷의 발달로 수많은 정보가 많은 이들에게 쉽게 공유되는 세상이다. 소셜미디어의 발달로 정보는 순식간에 확산된다. 세 번째는 2015년 김영란법 제정 이후 언론계 내부에서도 자의든 타의든 자정작용이 이뤄졌다. 기자들이 취재원들로부터 공짜 밥과 공짜 술을 얻어먹고 공짜 골프 접대를 받고 촌지를 받는 시대는 종말을 고했다. 여전히 이런 구태가 암묵적으로 잔존한다는 이야기도 들리긴 하지만 적어도 법적으로는 그렇다.

그럼에도 언론인을 해야 하는 이유

그렇다면 20세기와 비교하면 아니, 적어도 2010년대 초반까지만 해도 할 만했던 언론인이라는 직업이 이제는 쓸모없는 직업이란 말인가? 결코 그렇지 않다. 여전히 언론인은 매력 있는 직업임에 틀림없다. 그것은 언론이 가진 본연의 임무에는 변함이 없다는 확신 때문이다. 언론의 임무를 나는 두 가지로 정의하고 싶다.

첫째는 권력 견제다. 권력자나 권력 기관이 그 권력을 남용하지 않도록 견제하는 기능을 발휘하는 것이 언론이다. 지배자의 권력 남용으로부터 피지배자의 권리를 지키는 것, 다시 말해 권력자나 권력 기관이 자신의 권력을 강화하거나 이익을 높이기 위해 권력을 휘두르지 않는지 끊임없이 감시해야 하는 것이 언론의 임무다. 이 권력 견제는 사회적 약자의 이익 보호 역할을 한다. 취약계층의 인권 보호도 이 범주에 속한다고 할 수 있다.

둘째는 알 권리 충족이다. 마땅히 알아야 할 정보를 대중에게 알려주는 것이 언론인들의 의무다. 세상에 별로 드러내고 싶지 않은 권력자, 권력 기관의 비리 또는 실패한 정책에서부터 지금 우리 사회에서 무슨 일이 일어나고 있는지, 지역 간 세대 간 계층 간 정보 격차를 줄이기 위한 활동이 언론의 임무이다.

이 두 가지 임무 수행을 통해 언론이 궁극적으로 하고자 하는 일은 세상을 바꾸는 것이다. 내가 청소년들을 위해 쓴 『세상을 바꾸고 싶다면 기자』라는 책에서 언급했듯이 언론인은 세상을 바꾸는 사람이다. 혼탁한 세상을 맑은 사회로, 불공정한 사회를 공정한 사회로, 부정과 비리, 불합리가 판치는 세상을 합리적이고 정의로운 세상으로 바꿔가는 것이 언론의 궁극적 역할이라고 나는 주장한다.

그렇기에 언론인이 접대받는 시대는 끝이 났어도 언론인은 여전히 해볼 만한 일이다. 그래서 기자와 아나운서, PD가 되기를 바라는 젊은이들에게 나는 감히 말한다. 우리 손잡고 세상을 바꿔보자고.

편하게 직장 생활하고 싶다면 언론인 하지 마라

한 마디 덧붙인다. 언론인이라는 직업은 일반 직장인과는 다른 특수 직업이라는 점을 알고 각오해야 한다. 낭만적으로 보일 수 있지만, 결코 낭만적이지 않다. 만약 당신이 편안한 직장 생활을 원한다면 언론사는 당장 때려치워라. 만약 당신이 돈을 많이 벌고자 한다면 언론고시는 그만둬라. 만약 당신이 '소확행'을 원하거나 '워라밸'을 원한다면 언론사 준비는 그만두는 게 좋을 것이다. 언론고시를 준비하는 이들이 모인 한 카카오톡 오픈 채팅방에 이런 글이 올라온 적이 있다.

"데스크가 취재기자에게 하루에 스트레이트 기사 다섯 개에 중탑 한 개, 일주일에 기획 기사 세 개에 인터뷰 기사 두 개, 사진기자 3명에게는 매일 1면 사진 발제 촬영, 영상기자 한 명에게는 매일 영상 열 개를 만들라고 하는데, 이런 업무 강도는 어떻게 해야 할까요? 퇴사가 답일까요?"

그러자 아래와 같은 댓글이 달렸다.

"가능한가요? 숨 쉴 틈도 없겠네요. 일주일에 기획 세 개랑 인터뷰 두 개를 어떻게 쓰죠... ㅎㅎㅎ 사람인가요?"

위의 예는 최악의 경우로 짐작된다. 언론 매체가 급증해 경쟁이 치열하다 보니 생산해내야 하는 기사의 양이 많아 기자들이 숨 쉴 수조차 없는 상황에 직면해 있는 경우도 있나 보다. 극단적인 사례겠지만 기자라는 직업이 주 5일제에 빨간 날을 다 쉴 수 있는 일반 직장인이 아닌 것은 분명하다. 물론 주 52시간제 도입 이후 대형 방송사와 신문사 기자들도 예전과 달리 업무량이 대폭 줄어든 것은 사실이다. 하지만 발생하는 뉴스의 현장을 누벼야 하는 기자들은 일반 직장인처럼 9 to 5 출퇴근이 보장되지 않는다. 사건·사고가 일과 시간에만 발생하지 않기 때문이다. 정신적으로도 늘 긴장해야 한다. 쉬다가도 대형 뉴스가 발생하면 현장으로 달려갈 준비를 해야 한다. 그렇다고 미리부터 겁을 먹을 필요는 없다. 인간이란 다 자신에게 주어진 환경에 적응하기 마련이니까.

어차피 할 거면 멀티 저널리스트가 되어라

이런저런 고민 끝에 기자가 되고 싶다는 꿈을 굳혔다면 멀티 저널리스트가 될 것을 권한다. 미디어 환경은 최근 5년 새 급변했고 앞으로도 커다란 변화의 소용돌이에 놓일 것이다. 신문사들이 방송을 한 지 오래다. 공룡 3사 조중동이 2011년 종편 시장에 뛰어든 것은 신문으로는 먹고 살 수 없다는 판단 때문이었다.

다른 신문은 어떠한가? 너도 나도 유튜브 채널 등을 만들며 구독경제 시장에 진출하고 있다. 유튜브 채널을 운영하는 1인 미디어도 우후죽순처럼 생겨난다. 사람들은 더 이상 TV 앞에 앉아 9시 뉴스를 보지 않는다. 신문을 집에서 보는 사람은 이제 극소수에 불과하다. 뉴스를 PC나 디지털 디바이스, 즉 스마트폰으로 보는 사람이 절대다수다. 뉴스는 텍스트 중심에서 점차 그래픽과 영상, 텍스트의 혼합된 형태로 진화하고 있다. 또한 특정 기사의 전체적인 흐름을 알 수 있도록 뉴스 문장마다 키워드를 클릭하면 정리된 스토리로 연결해 주는 시스템이 구축되고 있다. 구조 저널리즘과 맥락 저널리즘으로 불리는 것이다. 그러니 디지털 문법을 최대한 활용할 줄 아는 멀티 저널리스트가 되어야 갈수록 경쟁이 치열해지는 미디어 생태계에서 살아남을 수 있다. 취재는 물론 촬영과 편집, 디지털 스토리 메이킹까지 할 줄 아는 멀티 저널리스트가 각광받는 시대가 오고 있다.

기자가 갖춰야 할 덕목

끝으로 기자가 갖춰야 할 덕목 몇 가지를 강조하고자 한다.

첫째, 정의. 불의를 보고 참지 못하는 정의를 불태워라. 불의와 타협하지 말고 오로지 정의를 위해 싸우는 투사가 될 줄 알아야 한다. 그것이 진정한 저널리스트가 되는 첫 번째 덕목이다.

둘째, 자부심. 세상을 올바른 방향으로 바꾸는 기자라는 자부심, 권력을 견제하고 알 권리를 충족시키는 언론인이라는 자부심이 그 어떤 상황에서도 당신을 당당하게 하고 지탱할 것이다.

셋째, 사람. 취재원을 인간적으로 대하고 중시해야 한다. 진심으로 상대를 대할 때 그들이 마음을 연다. 정보만 빼려 한다면 그들 눈에 다 보인다. 도움을 주어야 그들도 당신을 돕는다. 인간적 매력을 자연스럽게 보여줘야 당신에게 특종의 기회가 올 것이다.

넷째, 준비. 준비가 되어 있지 않으면 기회가 다가와도 당신은 눈치채지 못할 것이다. 끊임없이 도전하고 기회를 포착할 수 있도록 훈련되어야 한다. 항상 공부하고 깨어 있어라. 그리하면 기회가 올 것이고 그 기회가 기회임을 깨달을 것이고 그래야 기회를 포착해 결실을 맺을 것이다.

도움 준 사람들(가나다 순)

김선영 YTN 앵커

김윤아 프리랜서 아나운서

박수진 KNN 아나운서

송국회 KBS 기자

양지우 KBS 기자

오지민 전 CJ헬로 아나운서, 기자

유태양 전 매일경제신문 기자

이성수 전 MBC 영상취재부 국장

장성주 KBS PD

하란정 전 YTN, 채널A 아나운서, 현 방송아카데미 강사

허은정 LG헬로비전 옴니채널 팀장, 전 KBS 아나운서

허정은 모아아카데미 부원장

현덕수 전 YTN 보도국장

그 외 언론고시 준비생 다수

8년 차 면접관이 알려주는

방송사
언론인 지망생이 알아야 할
101가지

2020년 6월 10일 | 초판1쇄

지은이 | 윤경민
펴낸이 | 유윤선
펴낸곳 | 토크쇼

편집인 | 김정희
디자인 | 디큐브
마케팅 | 김민영

출판등록 2016년 7월 21일 제2019-000113호
주소 | 서울시 서초구 나루터로 69, 107호
전화 | 070-4200-0327
팩스 | 02-780-0327
전자우편 | myys327@gmail.com
블로그 | http://blog.naver.com/talkshowpub
ISBN | 979-11-88091-90-4 (93070)
정가 | 15,000원